Georges-Arthur Goldschmidt

Meistens wohnt der den man sucht nebenan

Kafka lesen

Aus dem Französischen von
Brigitte Große

S. Fischer

Die Originalausgabe erschien 2007 unter dem Titel
›Celui qu'on cherche habite juste à côté. Lecture de Kafka‹
bei Éditions Verdier, Paris
© 2007 Éditions Verdier
Für die deutsche Ausgabe:
© 2010 S. Fischer Verlag GmbH, Frankfurt am Main
Satz: Druckerei C. H. Beck, Nördlingen
Druck und Bindung: CPI – Clausen & Bosse, Leck
Printed in Germany

ISBN 978-3-10-027824-1

Für die so sehr geliebte Schwalbe

Man sollte Unbekanntem gleichen.
Alberto Giacometti

Kafkalektüre

Was Kafka schreibt, ist so klar, von so verblüffender Klarheit, daß es einem buchstäblich die Sprache verschlägt, man ist gefesselt, ratlos, bestenfalls begierig, den Text noch einmal zu lesen.

Kafka erzählt auf den ersten Blick unwahrscheinliche Geschichten – wie kann eine Brücke sich mit Händen und Füßen über einem Abgrund an den Wänden festhalten und sich umdrehen, um zu sehen, wer kommt; wie kann sich ein Mann in ein Ungeziefer verwandeln? Und doch gibt es nichts Gewisseres als diese Unwahrscheinlichkeiten, nichts Packenderes als diese Geschichten.

Kafka trifft tatsächlich jedes Mal mitten ins Zentrum, alles, was er schreibt, erreicht den Leser genau da, wo nichts mehr zu sagen ist. Man ist betroffen von Kafka, weil er dort ankommt, wo jeder anfängt, an dem stummen Punkt, mit dem das Sprechen des Lesers anhebt.

Was Kafka erzählt, führt zu diesem Ursprungsort, zu dieser unformulierbaren Sprache, hinter die man nicht zurückkann.

Was er schreibt, ist so einzigartig, daß es auf Anhieb

erkennbar ist, ohne Bezug auf etwas anderes und deshalb absolut universell.

Dieser Essay ist das Ergebnis einer ständigen Präsenz Kafkas seit der Entdeckung seines Romans *Der Proceß*; in einem Garten in Kitzeberg bei Kiel im August 1950. Das war ein denkbar unangemessener und unerwarteter Ort für eine Kafka-Lektüre – mitten in Norddeutschland, in einer der damals uneinnehmbarsten Bastionen der Nazinostalgie. Wäre Kafka dort zwischen 1933 und 1941 spazierengegangen – also noch vor der Wannsee-Konferenz, in der die endgültige Vernichtung von seinesgleichen beschlossen wurde –, hätte er das nicht überlebt.

Natürlich kann man zu Recht in Kafka jemanden sehen, der das kommen sah. Mit dem, was sich damals ankündigte, ist man jedenfalls noch nicht fertig. Doch Kafka ist anderswo, nämlich in jedem Leser, er gehört dem, der ihn liest, und man kann Kafka nur lesen lernen, indem man ihn liest.

Es geht hier nicht um eine erschöpfende Lektüre Kafkas. *Amerika* etwa, Kafkas letztes Werk, wurde nur gestreift, um den vorliegenden Text, der kurz bleiben sollte, nicht unnötig zu verlängern. Außerdem hat die Lektüre von *Amerika* ihn bloß bestätigt. Heute werden durch neue Ausgaben, durch Erforschung und Entzifferung der Manuskripte Varianten und Abweichungen sichtbar, die aber im Grunde nichts ändern.

Das Wort »sein« bedeutet im Deutschen beides: Dasein und Ihmgehören.[1]

I

Das Initialereignis

Jemand mußte Josef K. verleumdet haben, denn ohne daß er etwas Böses getan hätte, wurde er eines Morgens verhaftet. [2]

Mit diesen ersten Worten im *Proceß* ist alles verwandelt, alles steht von da an unter dem Zeichen des Unabwendbaren: Es gab ein Davor, nach der Verhaftung ist alles danach. Praktisch findet sie kaum statt. Doch von da an ist alles, was danach kommt, radikal von dem Vorherigen getrennt. Was im Augenblick davor noch möglich war, wird nie geschehen, durch die Verhaftung ist der Faden gerissen. Das Wirkliche ist bloß ein unwiderruflicher Zustand des auf ewig erstarrten Möglichen.

Alles erhält durch diese Verhaftung, die Josef K., indem er sie auf seine Weise »beim Wort nimmt«, selbst Schritt für Schritt gestaltet, eine neue Wendung. K. ist gleichzeitig deren Objekt und Subjekt. Die Verhaftung läßt ihm in seinem Tun und Handeln völlig freie Hand. Alles ergibt sich aus dem, was er tut und wie er es tut, sein Schicksal erwächst aus seinem Tun und Handeln. Einmal getan, ist die Handlung unwiderruflich.

Alles ist da, und alles geschieht, als ob Josef K. von einem ersten Auslöser an seine Verhaftung selbst betriebe. Er läutet, man kommt. Aber es ist nicht Anna, die Köchin seiner Zimmervermieterin Frau Grubach, die ihm wie üblich sein Frühstück bringt, sondern der Wächter, der ihn verhaften will, aber erst eintritt, als K. geläutet hat. Man weiß nicht, ob er kommt, weil Josef K. geläutet hat, oder später von selbst hereingekommen wäre, nur: Er tritt ein, als K. läutet, nichts weiter. Es wird nicht gesagt, daß er eintritt, *weil* Josef K. geläutet hat, sondern nachdem Josef K. geläutet hat. K. läutet, er kommt herein, beides trifft zusammen, das ist alles.

Sie haben geläutet? fragt der Wächter.

Der Mann, der Josef K. verhaften kommt, ist verwirrend gekleidet, er trägt *ein anliegendes schwarzes Kleid, das ähnlich den Reiseanzügen mit verschiedenen Falten, Taschen, Schnallen, Knöpfen und einem Gürtel versehen war und infolgedessen, ohne daß man sich darüber klar wurde, wozu es dienen sollte, besonders praktisch erschien.*

Josef K. verlangt sein Frühstück, was ein kleines Gelächter im Nebenzimmer auslöst, das des anderen Wächters, denn es sind zwei, Franz und Willem. Josef K. springt aus dem Bett und zieht seine Hose an, und Kafka läßt ihn sagen: *»Ich will doch sehn, was für Leute im Nebenzimmer sind und wie Frau Grubach diese Störung mir gegenüber verantworten wird.«* Sofort fällt ihm auf, *daß er dadurch gewissermaßen ein Beaufsichtigungsrecht des Fremden anerkannte.*

Er macht sich also selbst zum Verhafteten, er stellt sich von Anfang an in den Kreis, dessen Mittelpunkt und Rand er ist. Er etabliert seine Verhaftung, noch bevor sie ausgesprochen ist.

Langsamer, als er vorhatte, geht er ins Nebenzimmer. Niemand zwingt ihn, schneller oder weniger schnell zu gehen. Dann macht Josef K. eine Bewegung, *als reiße er sich von den zwei Männern los, die aber weit von ihm entfernt standen.*

Man weiß nicht, was passiert wäre, wenn Josef K. sich anders verhalten hätte, weil er sich so verhalten hat, wie er sich verhalten hat, man weiß nicht, wie sich die Verhaftung entwickelt hätte, weil sie sich so entwickelt hat, wie sie sich entwickelt hat.

Deshalb eröffnet der Anfang endgültig eine wie auch immer geartete Folge. Mit dem Initialereignis – und nur mit diesem – beginnt, was nicht war. Die Verhaftung hat stattgefunden, wenn auch kaum wahrnehmbar, und das kann durch nichts mehr rückgängig gemacht werden. Jeder Beginn wird dem Beginnenden zugewiesen. Eine Richtung, das Warten auf einen Ausweg aus dem Prozeß – welchem Prozeß? – ist nun festgelegt. Der Prozeß aber ist das Unwissen darüber, was ihn ausmacht.

»Das Verfahren ist nun einmal eingeleitet und Sie werden alles zur richtigen Zeit erfahren«, antwortet der Wächter Willem Josef K., als dieser wissen will, warum er verhaftet sei. Das Verfahren ist ohne Grund eingeleitet, es gehört nicht zum möglicherweise Vertretbaren, sondern zu Josef K. Er ist sein Prozeß. Der Wächter beschreibt die Begleitumstände des Verfahrens, das er auch nur soweit kennt, wie es ihn, den Wächter, angeht: den Verkauf der Kleider des Angeklagten, dessen Erlös ihm und seinen Kollegen zusteht. Unbewußt präzisiert und vervollständigt K. Schritt für Schritt seine Verhaftung und gibt seinen Mutmaßungen mit deren Formulierung eine neue Wendung. Ihm wird nur gesagt: *Sie sind*

11

doch verhaftet. Mehr passiert nicht, außer daß er sein Frühstück nicht bekommt, weil die Wächter es essen, und ihm
seine Verhaftung angezeigt wird, ohne daß sie mit einem
konkreten Zeichen einherginge.

K. kann sich weiter frei bewegen und geht von einem
Zimmer ins andere. *»Sie hätten in Ihrem Zimmer bleiben sollen!«*, sagt Willem, einer der Wächter, zu ihm, ohne ihn aber
an dessen Verlassen zu hindern. Sie, die Wächter, wissen, daß
es ein *großer, verfluchter Proceß* ist, sie wissen das, weil es seiner
ist, man hat sie geschickt, ihm das mitzuteilen. Sie sind auf
der anderen Seite des Spiegels, an dem das Ereignis stattgefunden hat.

Josef K. verlangt Erklärungen zu äußerlichen Einzelheiten, die er für wesentlich hält, die jedoch nicht wesentlich
zum Prozeß gehören. Dieser Prozeß ist nur dadurch Prozeß,
daß er nicht verstanden wird. Josef K. kann ihn nicht verstehen, weil es seiner ist. Er selbst ist der Prozeß. Ihm ist es
*viel wichtiger, Klarheit über seine Lage zu bekommen; in Gegen-
wart dieser Leute konnte er aber nicht einmal nachdenken.*

Mit jedem seiner Einfälle trägt er zu seiner Verhaftung
bei. Nachdem er sich fertig angezogen hat, glaubt er im
Geheimen, *eine Beschleunigung des Ganzen damit erreicht zu
haben, daß die Wächter vergessen hatten, ihn zum Bad zu zwin-
gen.*

Alles hängt von Josef K. ab, alles geht von ihm aus, seine
Verhaftung verläuft ihm gemäß und besteht in einer fortschreitenden Anpassung. K. konstruiert seinen Prozeß unbewußt Punkt für Punkt, durch eine Projektion, in der er
sich ständig voraus ist: Der Fall ist das Noch-nicht. *Das Verfahren ist nun einmal eingeleitet und Sie werden alles zur richtigen*

Zeit erfahren. Der Wächter Willem weiß nichts, weiß aber, was K. nicht weiß.

Sämtliche realen oder juristischen Einzelheiten, die Josef K. anspricht, jeder Bezug zum Alltagsleben, alle Fragen, die er ganz normal stellen kann, heben sich im Lauf der Geschichte nach und nach auf, als entzöge K. sich selbst die Grundlagen seiner Verteidigung, als lieferte er sich selbst die Gründe für seine Verhaftung. All diese Einzelheiten und Bezüge zur äußeren, alltäglichen Welt – Ausweise und verschiedene Zertifikate, Anwälte und andere Anhaltspunkte – *zielen am Kern vorbei.*

Bekanntlich wird Josef K. an seinem dreißigsten Geburtstag *überfallen,* und das mitten im Frieden, in einem Rechtsstaat, in dem die Gesetze *aufrecht bestanden.* Diesen Gesetzen entsprechend will K. sich »legitimieren«: »*Hier sind meine Legitimationspapiere.« »Was kümmern uns denn die?« rief nun schon der große Wächter, »Sie führen sich ärger auf als ein Kind. Was wollen Sie denn? Wollen Sie Ihren großen verfluchten Proceß dadurch zu einem raschen Ende bringen, daß Sie mit uns den Wächtern über Legitimation und Verhaftbefehl diskutieren?«*

Josef K.s Prozeß kann nicht anhand »normaler« Bezugselemente eingeordnet werden, er kommt nicht von außen, weil es sein eigener ist.

Geltenden Gesetzen gemäß will K. am gewohnten Horizont der Tatsachen festhalten, doch die Ordnung, nach der er verhaftet wird, ist nicht von hüben oder drüben, sie offenbart sich einfach: Man erlebt, wie die Tatsache ausgelöst wird. Diese Verhaftung hat nichts »Kafkaeskes«. Das Initialereignis, das ein für allemal alles auslöst, eröffnet das Von-nun-an: Das Davor ist vergangen, das noch nicht Geschehene ist lastend gegenwärtig, es führt nur zu K. als dem, der er ist.

Die Wächter, wiewohl ganz unten in der Hierarchie, wissen genau, daß die Papiere nichts mit dem Prozeß zu tun haben und daß »*die hohen Behörden, in deren Dienst wir stehn, ehe sie eine solche Verhaftung verfügen, sich sehr genau über die Gründe der Verhaftung und die Person des Verhafteten unterrichten. [...] Unsere Behörde [...] sucht doch nicht etwa die Schuld in der Bevölkerung, sondern wird wie es im Gesetz heißt von der Schuld angezogen und muß uns Wächter ausschicken. Das ist Gesetz. Wo gäbe es da einen Irrtum?*« »*Dieses Gesetz kenne ich nicht*«, sagte K.

Und das ist seine Schuld: nicht das Gesetz nicht zu kennen, sondern nicht zu erkennen, daß es auf ihn angewandt wird, seine Schuld besteht darin, er zu sein. K. kann das Gesetz nicht kennen, weil er sich im Innern befindet. Das Gesetz ist, was er nicht kennt.

»*Sieh Willem*«, sagt Frank, der andere Wächter, »*er gibt zu, er kenne das Gesetz nicht und behauptet gleichzeitig schuldlos zu sein.*«

Josef K. *ist* seine Schuld, sein Fehler ist, daß er er ist. Worin fällt das Gesetz mit ihm zusammen? Das Gesetz ist nicht er, aber er ist in dem Gesetz.

K. selbst sucht im Kleiderkasten nach seinem guten Anzug, um vor den Aufseher im Zimmer nebenan zu treten. Dieser wird zu ihm sagen: »*Ich kann Ihnen auch durchaus nicht sagen, daß Sie angeklagt sind oder vielmehr ich weiß nicht, ob Sie es sind. Sie sind verhaftet, das ist richtig, mehr weiß ich nicht.*«

Es hat die Verhaftung gegeben, das ist alles, und von da an, nach diesem Donnerschlag der Verhaftung, begründet

14

alles das Gesetz, künftig ist das Gesetz das, was eintritt. Deshalb sagt der Aufseher zu K.: »*Denken Sie weniger an uns und an das, was mit Ihnen geschehen wird, denken Sie lieber mehr an sich. Und machen Sie keinen solchen Lärm mit dem Gefühl Ihrer Unschuld, es stört den nicht gerade schlechten Eindruck, den Sie im übrigen machen.*«

K. kann an nichts anderes denken als an das, was ihm geschieht, und sich zugleich unschuldig fühlen, und eben das ist seine Verhaftung: »*Wir raten Ihnen, zerstreuen Sie sich nicht durch nutzlose Gedanken, sondern sammeln Sie sich, es werden große Anforderungen an Sie gestellt werden*«, sagt Willem, der Wächter, zu ihm. K. wird *geladen,* nicht zu dem, was er von sich weiß, seiner bürgerlichen Person im Zuständigkeitsbereich seiner Papiere, seiner Kollegen und seiner Umgebung, sondern zu jenem »*Von-nun-an*«, ohne Plan noch Ziel oder Ende. K. wird gemahnt – »mis en demeure«, wie das Französische so schön sagt. Es ist ihm auferlegt, doch nichts ist ihm zugeteilt: Es gibt weder Inhalt noch Botschaft (die Botschaft des kaiserlichen Boten ist eben die, daß er nicht ankommt). Was nach der Verhaftung passieren wird, passiert noch nicht, und was passiert, ist so, daß nichts anderes passiert als das, was passiert. Alles, was geschieht, hindert alles andere daran, an seiner Statt zu geschehen. Es gibt das *Es-gibt.*

Der geschriebene Satz schließt jeden anderen Satz aus, der geschrieben hätte werden können. Das Eigentümliche jedes Ereignisses ist der Ausschluß jedes anderen Ereignisses, das es hätte sein können. Das also macht den Prozeß aus: daß er so verläuft, wie er verläuft. Es gibt keinen anderen Prozeß als diesen. Wenn es einen Anfang gibt, dann danach.

Die Erzählung ›Ein Landarzt‹ ist wie eine andere Darstellung des *Processes* und dessen, was ihn nachträglich eröffnet. Der Arzt wird im Schneesturm zu einem Kranken gerufen, doch sein Pferd ist gestorben, und, siehe, da nimmt alles seinen Lauf. In dem seit Jahren ungenutzten Schweinestall stehen plötzlich zwei prächtige Pferde, er läßt sie anschirren und trifft gleich darauf bei seinem jungen Patienten ein: *Der Junge ist krank. In seiner rechten Seite, in der Hüftengegend hat sich eine handtellergroße Wunde aufgetan. Rosa, in vielen Schattierungen, dunkel in der Tiefe, hellwerdend zu den Rändern, zartkörnig, mit ungleichmäßig sich aufsammelndem Blut … Würmer, an Stärke und Länge meinem kleinen Finger gleich, rosig aus eigenem und außerdem blutbespritzt, winden sich, im Innern der Wunde festgehalten, mit weißen Köpfchen, mit vielen Beinchen ans Licht …*

Der Arzt hat seine Magd Rosa umsonst verlassen, er wird entkleidet und nackt in das Bett des Jungen gelegt. Nackt will er nach Hause fahren, zu Rosa, die dem Pferdeknecht ausgeliefert ist, *dem Froste dieses unglückseligsten Zeitalters ausgesetzt, mit irdischem Wagen, unirdischen Pferden, treibe ich mich alter Mann umher. Mein Pelz hängt hinten am Wagen, ich kann ihn aber nicht erreichen, und keiner aus dem beweglichen Gesindel der Patienten rührt den Finger. Betrogen! Betrogen! Einmal dem Fehlläuten der Nachtglocke gefolgt – es ist niemals gutzumachen.*

Das Initialereignis mündet hier, in diesem Augenblick, in seinen Ursprung: Schuldgefühl, Nacktheit, das rosa Geschlecht. Die Wunde und die Magd-Geliebte werden mit demselben Wort bezeichnet: rosa[3]. Rosa: Ist das die Schuld des Arztes? Wie auch immer, das Initialereignis betrifft wesentlich den Körper.[4] Ein schuldhaftes erotisches Entgegen-

16

kommen verknüpft sich mit der Lähmung des *gebrandmarkten* Körpers ›In der Strafkolonie‹.

Das Gesetz trifft nämlich nicht irgendwen, sondern nur den, den es betrifft, in den es sich einschreibt wie ›In der Strafkolonie‹.

Das Initialereignis zeitigt eine ebenso zufällige wie unvermeidliche, selbstverständliche wie unvorhersehbare Folge von Ereignissen. Josef K. kann sich trotz seiner Verhaftung frei bewegen, er kann hingehen, wohin er will, und tun, was er möchte. »*Sie sind verhaftet, gewiß*«, erklärt der Aufseher, »*aber das soll Sie nicht hindern Ihren Beruf zu erfüllen. Sie sollen auch in Ihrer gewöhnlichen Lebensweise nicht gehindert sein.*« »*Dann ist das Verhaftetsein nicht sehr schlimm*«, sagte K. *und gieng nahe an den Aufseher heran. »Ich meinte es niemals anders*«, sagte dieser.

Die Verhaftung ist nur ein Zeichen, eine *Schwelle*, wie Peter Handke sagen würde, eine plötzliche Verblüffung, nach der alles gleich bleibt und alles sich verändert hat. Das Initialereignis bringt zum Vorschein, was nicht war. Es ist Nichtmehr und Nochnicht zugleich. Nichts gibt es mehr von dem, was war, die Brücken zum Vorangegangenen sind von Anfang an radikal abgebrochen, es gibt ab da keinen Bezug mehr. Was bis dahin war, gibt es nicht mehr, und das, was unvermeidlich sein wird und doch jederzeit nicht sein hätte können, gibt es noch nicht. Der Anfang der Verhaftung ist von dem bestimmt, was geschehen wird und nirgends, in keiner Zukunft, existiert, aber in dem Maße existiert wie K. selbst. *In Erinnerung an die Zukunft, die kam –*; das Unvermeidliche offenbart sich erst danach.

Das Initialereignis ist fast keins, zu Beginn des Romans *Das Schloß* begibt sich der Landvermesser bloß dahin, wohin er bestellt worden ist (er hätte die Einladung auch ablehnen können). Dazu kommt, daß das Initialereignis sich ihm verweigert, als ob die Ankunft ihn nicht wollte: *Es war spät abend als K. ankam. Das Dorf lag in tiefem Schnee. Vom Schloßberg war nichts zu sehn, Nebel und Finsternis umgaben ihn, auch nicht der schwächste Lichtschein deutete das große Schloß an. Lange stand K. auf der Holzbrücke die von der Landstraße zum Dorf führt und blickte in die scheinbare Leere empor.*

Alles – und das ist das eigentliche Thema des Romans – scheint sich K. zu entziehen, sich ihm und seiner Beharrlichkeit zu verweigern, als ob die Ereignisse nicht stattfinden sollten, als ob der Auslöser vermieden werden müßte, als ob dem Auslösen der Ereignisse ein Widerstand entgegenstünde, als ob sie nicht passieren dürften. Was geschieht, geschieht nur aufgrund des Tuns desjenigen, dem es geschieht.

Tun und Personen sind so eng verbunden, daß man vom Einen nur durch das Andere erfährt. Das Initialereignis – die Ankunft – ist das, von dem an alles geschieht. Doch Kafkas Personen sind unaufhörlich wie unbewußt damit beschäftigt, dieses Ereignis aufzuheben, bis sie gewissermaßen von ihm absorbiert sind, es schließlich eingeholt und quasi gerechtfertigt haben (daher die Hinrichtung K.s am Ende des *Processes*). Alles läuft auf die Aufhebung des ersten Moments hinaus, als ob es darum ginge, zu erreichen, daß, was geschehen ist, nicht geschehen sei – ein verzweifelter Versuch, das Unumkehrbare umzukehren.

Das Initialereignis begründet jenes Streben, das nicht nachläßt, bis es nichts anderes mehr gibt als das, was die Personen betrifft. Dieses Streben zeigt sich erst, wenn es zu spät ist, es tritt erst nach seinem Objekt auf. Nichts ist dem Prozeß mehr äußerlich: K. kann nirgendwo anders sein, als er ist, und dort, wo er ist, ist der Prozeß.

Vom ersten auslösenden Moment an kann es nichts anderes mehr geben als weitermachen und streben ohne Ergebnis. Alles ist Weg, wie in der Erzählung ›Eine kaiserliche Botschaft‹: *Der Kaiser – so heißt es – hat Dir, dem Einzelnen, dem jämmerlichen Untertanen, dem winzig vor der kaiserlichen Sonne in die fernste Ferne geflüchteten Schatten, gerade Dir hat der Kaiser von seinem Sterbebett aus eine Botschaft gesendet.*

Doch diese Botschaft besteht darin, nicht überbracht zu werden: Obwohl alle Hindernisse vor dem Boten zurückweichen, ist er unaufhörlich unterwegs. Der Inhalt der Botschaft vermischt sich mit ihrer Sendung – *Du aber sitzt an Deinem Fenster und erträumst sie Dir, wenn der Abend kommt* –, ganz als wäre es das Wesen des Raums, daß er nicht zu durchmessen ist. Die Botschaft schicken und nicht erhalten ist ein und dasselbe. Man kann sie sich vorstellen, nicht in ihrem Inhalt, aber in ihrer Bestimmung.

Das Initialereignis ist der Schlag ans Hoftor[5]. Es genügt eine unbedeutende Tat, und das Ganze ist nicht mehr rückgängig zu machen. Der Schlag ans Hoftor im Vorbeigehen hat fatale, überproportionale Konsequenzen, weil eine Umkehrung der Kausalität stattfindet. Erst am Ende wird die Verkettung des Zufälligen sichtbar. Aber seit jeher, noch bevor die Dinge ihren Lauf nehmen, gibt es das Zuspät. Das Zufällige tritt unerbittlich ein, umso mehr, als es unvorhersehbar ist. Das Zufällige ist nie mehr als der erste Moment des Unvermeidlichen, es löst eine Serie aus, die in ihrem Ablauf die einzig mögliche ist, weil es keine andere gibt.

Zuerst ist die Unermeßlichkeit des Möglichen, dann das Wirkliche, das stattfindet, ohne daß man etwas daran ändern könnte.

Der schlichte Schlag ans Hoftor hat Konsequenzen ohne Zusammenhang mit dieser Handlung: Reiter strömen aus, die Hauptfigur (ich) wird in ein Zimmer mit einem Eisenring an einer nackten Wand gebracht, *in der Mitte etwas, das halb Pritsche, halb Operationstisch war.* Und gleich denkt man an die ›Strafkolonie‹.

Die Hauptfigur der Erzählung muß vor den Richter treten: *Aber als ich die Schwelle der Stube überschritten hatte, sagte der Richter, der vorgesprungen war und mich schon erwartete: »Dieser Mann tut mir leid.« Es war aber über allem Zweifel, daß er damit nicht meinen gegenwärtigen Zustand meinte sondern das was mit mir geschehen würde.*

Das Initialereignis – und jeder Moment ist eins – steht am Anfang einer Reihe, deren Ergebnis die Folgen dieses Ereignisses nur demjenigen zeigt, der durch sein Fortwirken diese Aufeinderfolge auslöst. Die Person nimmt das in dem Maße wahr, in dem sie davon betroffen ist. Nichts geschieht bei Kafka außerhalb der Person, die von dieser Reihe unvorhergesehener Ereignisse betroffen ist, weil sie sie sieht, erleidet, deren Objekt ist.

Insofern ist das Ereignis das Anfängliche, weil alles, was es auslöst, um diese einzige Person kreist.

Die Verhaftung zu Beginn des *Processes*, die Ankunft in Sichtweite des *Schlosses*, der vergessene Regenschirm zu Beginn von *Amerika*, der Schlag ans Hoftor ergreifen den

Körper, zielen auf die physische Person der Figuren und betreffen sie als solche, in ihrer körperlichen Präsenz. Es gibt nichts Abstraktes bei Kafka, alles verwirklicht sich um die Körper. In den ersten Zeilen des *Processes* wird der Mann, der K. dessen Verhaftung mitteilt, in seiner Leiblichkeit beschrieben: *Er war schlank und doch fest gebaut, er trug ein anliegendes schwarzes Kleid.*

Das, worum es geht, wird als Lücke empfunden, als zu füllende Leere, die jedoch nur für den existiert, der sie empfindet. Nur die Person, die dieses Loch spürt, könnte es ausfüllen (weil sie selbst die empfundene Lücke ist). Es gibt da kein Außen.

Deshalb gibt es auch keine endgültige Kafka-Deutung. Nichts von dem, was über Kafka geschrieben wird, ist falsch und nichts ist stimmig, nur der Text Kafkas stimmt mit Kafkas Text überein. Es gibt keine mögliche Wahrheit der Interpretation, alles darüber Gesagte trifft es und trifft es nicht. Keiner ist kompetent und alle sind es. Niemand kann behaupten, dem, was Kafka sagt, gerecht zu werden, außer ihm selbst, Kafka. Alles, was seine Schriften bedeuten und hervorrufen können, ist um sie herum. Wie seine Figuren buchstäblich umzingelt sind von allem, was nicht stattgefunden hat, ist auch jede Lesart Kafkas von allen möglichen umzingelt. Man liest nichts außer dem, was man liest. Man schreibt nichts außer dem, was man schreibt.

Jede Lesart Kafkas ist legitim und in sich selbst begründet. Der Satz, mit dem der Text beginnt, ist dieser Satz (abgesehen von der Übersetzung). Er ist nicht anders geschrieben, als er es ist. Das eben ist der »Sinn« dessen, was das »Ich« beim Schlag an das Hoftor sagt: *Könnte ich noch andere*

Luft schmecken, als die des Gefängnisses? Das ist die große Frage oder vielmehr sie wäre es, wenn ich Aussicht auf Entlassung hätte. Aber es gibt keine Entlassung, das heißt, es gibt, was es gibt, ohne Ausweg.

Kafka war bekanntlich ein aufmerksamer Leser des Werks von Heinrich von Kleist (1777-1811). Er hat sogar ein Vorwort für die von Rowohlt geplante Neuausgabe von Kleists *Anekdoten und Kurzgeschichten* geschrieben. Kleist ist tatsächlich Kafka sehr nah, er ist ein Schriftsteller des Nichtendenkönnens, des Nichtvorankommens in äußerster Bewegung. Er ist auch ein großer Wortkünstler, er schreibt ein höchst treffendes, präzises Deutsch. Er ist ein Autor der Koinzidenz und des anders Unmöglichen. Alles ist unheilbar und unumkehrbar. Kleists Anekdotensammlung beginnt mit folgender Geschichte: *Dem Kapitän v. Bürger, vom ehemaligen Regiment Tauentzien, sagte der, auf der neuen Promenade erschlagene Arbeitsmann Brietz: der Baum, unter dem sie beide ständen, wäre auch wohl zu klein für zwei, und er könnte sich wohl unter einen andern stellen. Der Kapitän Bürger, der ein stiller und bescheidener Mann ist, stellte sich wirklich unter einen andern: worauf der &c. Brietz unmittelbar darauf vom Blitz getroffen und getötet ward.* Wie in einer Kafka-Erzählung gibt es nichts außer dem Erzählten, dem alles »Absurde« und jegliche Metaphysik gänzlich fremd sind. Da ist nichts zu deuten, es ist nur von schrecklicher Komik, außerhalb jeder Regel, jeder Ableitung, jeder Kausalität. Brietz wird vom Blitz erschlagen, und nicht wegen des Blitzes. Brietz steht da, wo der Blitz einschlägt – das ist unvorhersehbar und unvermeidlich.

An Max Brod schreibt Kafka am 27. Januar 1911: *Kleist bläst in mich, wie in eine alte Schweinsblase.* Davon spricht er öfter in seinen Briefen, Kleist hemmt sich selbst. Die Ähnlichkeit ist frappant, besonders bei *Michael Kohlhaas*, der längsten Erzählung Kleists, geschrieben zwischen 1808 und 1811, die Kafka mit Leidenschaft las. *Michael Kohlhaas* ist einer der wichtigsten Texte deutscher Prosa. Die Sprache in ihrer unfehlbaren Präzision entspricht genau dem Aufbau der Geschichte und schließt jedes überflüssige Detail aus, was ihr eine besondere Dichte verleiht.

Michael Kohlhaas ist ein begüterter Pferdehändler, ein Familienvater aus Brandenburg, der ein paar prächtige Pferde zum Verkauf ins Ausland bringen will – das heißt, nach Sachsen, in die Nachbarprovinz. Plötzlich versperrt ihm bei Schloß Tronka ein Schlagbaum den üblichen Weg, den es früher nicht gab – der Vorgänger des Schloßherrn, einer seiner Kunden, hatte ihn stets passieren lassen, ohne etwas dafür zu verlangen. Verwundert diskutiert Kohlhaas darüber mit dem Zöllner und trödelt ein bißchen mit der Bezahlung des Wegegelds. Als es zu regnen beginnt, will er eilig seinen Weg fortsetzen, da taucht der Schloßvogt auf und verlangt von ihm einen Paß (nach dem er früher auch nie gefragt wurde). So folgt eine kleine Verzögerung, eine unbedeutende Handlung der andern, bis am Ende willkürlich zwei seiner Pferde einbehalten werden. Verschiedene Zwischenfälle, deren Unvorhersehbarkeit jedesmal den Zusammenhang verstärkt, und ein eigenartiges Spiel von Zufällen und Zwangsläufigkeiten treiben Kohlhaas schließlich so weit, daß er eine ganze Provinz verwüstet, Klöster und Schlösser zerstört und niederbrennt und Schrecken, Mord und Brand sät. Schließlich wird er verhaftet und von Dresden nach Berlin gebracht, um dort vor Gericht gestellt und verurteilt zu werden. Unterwegs begegnet er zufällig dem Kurfürsten von Sachsen, dem das kleine Amulett an seinem Hals auffällt. Es sei ihm einst auf dem Markt der kleinen Stadt Jüterbock von einer alten Frau übergeben worden, die ihm versichert habe, es werde ihm eines Tages das Leben retten; die Kapsel, die er nie geöffnet hat, enthält Angaben über das künftige Schicksal des Hauses Sachsen, das dem Untergang geweiht ist. Er schreit vor Freude bei der Vorstellung von der Macht, die er nun hat, nämlich der, die Zeit umzukehren. Im Augenblick seiner Hinrichtung bekommt er seine Pferde zurück, strahlend vor Gesundheit. Vor den Augen der Männer des Kurfürsten von Sachsen, die bereit sind, ihn zu befreien, öffnet er die Kapsel, verschluckt das Papier, auf dem das Schicksal des Hauses Sachsen geschrieben steht, tritt zum Richtblock und läßt sich vom Henker enthaupten.

Der Weg des Michael Kohlhaas ist genauso »logisch«, genauso unvermeidlich, genauso frei wie der von Josef K. im *Proceß*. Er führt sozusagen zu seinem Ursprung. Die Ursache zieht ganz zufällig die Ereignisse an sich; die Zeit kehrt sich um, die Ursache folgt der »Wirkung«.

Alle Erzählungen Kleists sind wie die Kafkas konstruiert, ›Das Erdbeben in Chili‹, ›Die Verlobung in St. Domingo‹, ›Die Marquise von O…‹, ›Der Findling‹, alle entwickeln sich nach einer Mechanik des Unvermeidlichen, wo jede Figur in aller Freiheit mit ihrem zufälligen Tun unter unvorhergesehenen Umständen einem Schicksal gehorcht, das im Augenblick davor nicht existierte, sondern nur in diesem Augenblick – nichts ist vorhersehbar.

24

In ›Erdbeben in Chili‹ will ein junger Mann, der wegen seiner Liebe zur Tochter seines Patrons verurteilt wurde, in seiner Zelle Selbstmord begehen. In dem Moment, wo er sich aufhängen will, wird er von einem Erdbeben aus dem Gefängnis befreit. Eine Dankesmesse der Überlebenden führt zu seinem Untergang; er wird entdeckt und mit seiner Verlobten ermordet. Nichts aber hat ihn gezwungen, zu dieser Messe zu gehen, im Gegenteil. Nichts zwingt Piachi im »Findling«, ein bettelndes Kind bei sich aufzunehmen, das ihm als Erwachsener alles raubt.

Diese Eingangshandlungen sind immer konkret und vorstellbar.

Alles ist dabei zu geschehen, die Möglichkeiten sind unendlich, obwohl nur eine Wirklichkeit wird.

Alles ist wie das Warten auf den Auslöser. So in der kurzen Erzählung Kafkas mit dem Titel ›Heimkehr‹, 1946 beim Schocken Verlag in *Beschreibung eines Kampfes* erschienen. Die Hauptfigur (auch ein »Ich«) kehrt zum Hof des Vaters zurück und findet alles an seinem Platz: alte Möbel, unbrauchbare landwirtschaftliche Geräte, Rauch steigt aus dem Schornstein, die ganze Familie ist versammelt. Doch es findet keine Wiederaufnahme der Vergangenheit statt, sie dient nur der Darstellung des Bruchs, des radikal Neuen, das mit jedem Moment, in dem es diese Vergangenheit wiederfindet, anfängt. *Ich wage nicht an der Küchentür zu klopfen, nur von der Ferne horche ich […] Was sonst in der Küche geschieht ist das Geheimnis der dort Sitzenden, das sie vor mir wahren. Je länger man vor der Tür zögert, desto fremder wird man. Wie wäre es wenn jetzt jemand die Tür öffnete und mich etwas fragte. Wäre ich dann nicht selbst wie einer der sein Geheimnis wahren will. Das Ge-*

25

heimnis ist das, was die Personen von sich selbst nicht wissen und die Ereignisse offenbaren werden. Das Öffnen der Tür beendet das, was vor dem Öffnen war. Alles, was sich hinter der Tür abspielt, existiert, man kann es erst beim Öffnen entdecken.

Bei Kafka ist das, was geschieht, rundum eingekreist vom Eventuellen, das durch das, was geschieht, für immer unmöglich wird. Die Wirklichkeit ist nur ein aktueller Zustand des Möglichen. Vielleicht ist es das, was der Philosoph Patrice Loraux in *Le Tempo de la pensée das unvermittelte Konfrontieren* nennt. Aus dem Daneben wird nie ein Da. Eine banale, selbstverständliche, aber unvermeidliche Feststellung. *Meistens wohnt der den man sucht nebenan*, notiert Kafka in sein Tagebuch.

Nirgends vielleicht manifestiert sich das Initialereignis so radikal wie in der ›Verwandlung‹: *Als Gregor Samsa eines Morgens aus unruhigen Träumen erwachte, fand er sich in seinem Bett zu einem ungeheueren Ungeziefer verwandelt. Er lag auf seinem panzerartig harten Rücken …*

Plötzlich, ohne Übergang, ohne vorherigen Hinweis, ohne fortschreitenden Übergang, ist der Einschluß in diese Gestalt erfolgt. Mit einem Mal taumelt man in etwas noch nie Dagewesenes. Jeder stand angesichts des Unaussprechlichen schon mit dem Rücken zur Wand. Jeder kann diesen Einbruch des Niewiedergutzumachenden erleben. Kafkas Universum ist das Universum aller.

Gregor Samsa ist in diese erschreckende, fremde Gestalt eingeschlossen, in der er sich dennoch sofort »erkennt«, er erforscht sie vermittels seiner Empfindungen und findet sich in ihrem Innern als er selbst wieder. Doch nur Gregor Samsa ist zum Ungeziefer geworden, und der Prozeß betrifft allein Josef K. Die Erzählung macht daraus das unvermeidliche – als solches unvermeidliche – Ereignis, das aber nur in dem Moment, wo es »eintritt«, und nur für die Hauptfigur existiert. Im fünften Kapitel des *Processes*, (Der Prügler) ist Josef K. der Einzige, der sieht, was er sieht und was verschwindet, sobald er die Tür wieder schließt.

Es ist die Genauigkeit der aus einfachen, stets in ihrer exakten Bedeutung gebrauchten Wörtern bestehenden Sprache Kafkas, die das, was man mangels eines angemesseneren Ausdrucks »die Annäherung an den Rand des Unkennbaren« nennen könnte, so packend macht.

Doch das, was Kafka schreibt, gehört nicht zur Kategorie des Begrifflichen, sondern bleibt Erzählung, wenn auch durch und durch philosophisch. Durch seine Strenge und Klarheit läßt das Schreiben Kafkas im Geist des Lesers etwas entstehen, das darüber hinausgeht. Und eben weil Kafkas Sprache nicht die der Philosophie ist, kommt er dem Philosophen Wittgenstein sehr nah, der im zwanzigsten Jahrhundert versuchte, die Philosophie aus der Zwangsjacke ihrer Sprache zu befreien. Beide halten sich mit der gleichen Spannung diesseits der Grenze. Und man muß wohl jenen Rand erreichen, um von Kafka zu sprechen, jene durchgehende, unüberschreitbare Linie, die selbst der Inhalt dessen ist, was man liest. Der Leser empfindet das um so stärker, als er darüber nichts sagen kann: *Ich kann nur* glauben, *daß der Andre Schmerzen hat, aber ich* weiß *es, wenn ich sie habe,* schreibt Wittgenstein in § 303 seiner *Philosophischen Untersuchungen* und in § 384: *Den* Begriff *»Schmerz« hast du mit der Sprache* *gelernt.* Es gibt in der Tat keinen Beweis dafür, daß das Wort dem entspricht, was es ausdrückt, und das macht ja die ganze Anstrengung Kafkas aus, sie ist der Versuch, die Gewißheit mit dem, was mir erlaubt, mir ihrer gewiß zu sein, in Übereinstimmung zu bringen. Erreicht wird das durch eine ungeheuer radikale Verschiebung von Handlungen oder Umständen, durch die das, was sie verschiebt, isoliert wird. Wittgenstein: *Ich handle mit voller Gewißheit. Aber diese Gewißheit ist meine eigene* (*Über Gewißheit*, § 174).

Das ganze Unterfangen Kafkas besteht in dem Versuch, diese Gewißheit zu reduzieren, sie auf den Punkt zu bringen und diesen Punkt möglichst klar sichtbar zu machen, indem er letztlich das Mittel findet, sie zu »depersonalisieren«. Noch einmal Wittgenstein (in den *Vermischten Bemerkungen*): *Die Grenze der Sprache zeigt sich in der Unmöglichkeit, die Tatsache zu beschreiben, die einem Satz entspricht (seine Übersetzung ist), ohne eben den Satz zu wiederholen.* Es ist diese Unfähigkeit des Satzes, anders zu sein, als er ist, die im Zentrum von Kafkas Denken steht. Der Satz ist, was er ist. Martin Luther sagte auf dem Reichstag zu Worms: *Hier stehe ich und kann nicht anders.*

Es gibt keine Möglichkeit, sich selbst zu überschreiten, im Anderssein zu sein, es wird sofort zum Selbst. Kafka am 31. Dezember 1920 zu Max Brod: *Und die Reichtümer der Welt und ihre Pracht, böte man sie mir an, ich würde sie nicht erlangen, nicht weil ich mich ihnen nicht hingäbe, sondern weil ich vom Begehren, sie zu haben, getrieben, aus dem Fenster springe und auf dem Boden zerschelle.*

Der Sinn von Kafkas Schreiben entlädt sich mit einer Selbstverständlichkeit, die über den Satz hinausgeht, ihn aber nicht überschreiten kann. Der schmale, unüberschreitbare Rand behauptet sich um so stärker, als man nicht mehr über ihn sagen kann, als er selbst sagt. So wird, was man über Kafka sagen wollte, von diesem Wollen verschluckt. Deshalb hört man nicht auf, über Kafka zu schreiben. Daß über Kafka geschrieben wird, ist die Bedeutung seines Schreibens, weil es am Ende unversehrt bleibt, unerreicht, immer neu.

II

Eine Mahnung

Von nun an keine Rückkehr, kein Rückhalt. Nichts wird jemals das Initialereignis aufheben: Vor dem, dem es widerfährt, beginnt mitten in der Unendlichkeit aller möglichen Zufälle eine einzigartig zufällige, willkürliche, zusammenhängende Serie von Ereignissen.

In *Amerika*, dem großen, 1911 unter dem Titel *Der Verschollene* begonnenen Roman, steht der junge Karl Roßmann, der von seinen Eltern nach Amerika geschickt wird, weil *ihn ein Dienstmädchen verführt und ein Kind von ihm bekommen hatte*, beim Einlaufen des Schiffes in New York auf dem Deck und betrachtet die Freiheitsstatue. Ein junger Mann, mit dem er während der Reise flüchtig Bekanntschaft geschlossen hat, sagt im Vorbeigehen zu ihm: *»Ja haben Sie denn noch keine Lust auszusteigen?«* *»Ich bin doch fertig«, sagte Karl ihn anlachend und hob, aus Übermut und weil er ein starker Junge war, den Koffer auf die Achsel. Aber wie er über seinen Bekannten hinsah, der ein wenig seinen Stock schwenkend sich schon mit den andern entfernte, merkte er, daß er seinen Regenschirm unten im Schiff vergessen hatte.*

Nur weil etwas vorgefallen ist, das ebensogut nicht hätte

vorfallen können (er hätte den Regenschirm auch nicht vergessen können), trifft er seinen Onkel, und alles, was im Zuge dieses großen Romans geschieht – eine Folge aufs Engste mit der Hauptfigur verknüpfter unbedeutender Handlungen –, ist zufällig, aber der Person Karl Roßmann sehr angemessen – weil eben er es ist, dem es geschieht.

In Kafkas Erzählungen ist immer alles selbstverständlich und nichts natürlich. Jedes seiner Werke ist das unaufhörliche Jagen nach einem unzugänglichen Punkt, der nichts ist als dieses Hinterherjagen. Der Zugang entzieht sich nur, weil er möglich ist (gäbe es einen Zugang, gäbe es keine Idee davon). Diesen unzugänglichen Punkt definierte der deutsche Schriftsteller Hans-Henny Jahnn in *Perrudja* folgendermaßen: *Ihre Wege verkürzen sich. So öffnen sie auf das Verborgene hin. Aber das Unentwirrbare kapselt sich nur ein, wird kleiner, wird zuletzt ein Weniger als Staubkorn sein. Die Menschen auf ihren Knien werden schreien zu dem Punkt, der sich nicht enthüllen will.*

Bis zu seinem schicksalhaften dreißigsten Geburtstag gelang es Josef K., mit dem alltäglichen Leben zu verschmelzen, es ging ihn etwas an; seit seiner Verhaftung jedoch muß er mit der furchterregenden Gegenwart des Prozesses rechnen, der ihn schließlich ausmacht und nicht mehr loslassen wird: Die äußere Welt mit ihren Aufgaben und Fakten ist von da an verschoben, prekär, und dennoch gehen alle Versuche, die Josef K. entwirft und erdenkt, um diesen Prozeß zu gewinnen oder wenigstens zu verfolgen – und eben darin besteht sein Prozeß – von diesem alltäglichen, wie horizontalen Leben aus.

Kaum hat der Prozeß begonnen, gibt es für Josef K. keine neutralen Ereignisse, keine unbedeutenden Tatsachen mehr, und zwar einfach, weil es sie gibt. Jedes Ereignis ist in sich eine Täuschung und läßt den Prozeß so erscheinen, wie K. ihn versteht. So täuscht er sich auch von Anfang an im »Wie« seiner Verhaftung.

Der Aufseher, der sich im Nebenraum jenes Zimmers aufhält, in dem die Wächter K. dessen Verhaftung mitteilten, fragt Josef K., ob er nicht wie jeden Tag in die Bank arbeiten gehen wolle. »*Wie kann ich denn in die Bank gehn, da ich verhaftet bin?*« »*Ach so*«, *sagte der Aufseher, der schon bei der Tür war,* »*Sie haben mich mißverstanden, Sie sind verhaftet, gewiß, aber das soll Sie nicht hindern Ihren Beruf zu erfüllen. Sie sollen auch in Ihrer gewöhnlichen Lebensweise nicht gehindert sein.*«

Das Mißverständnis ist vollkommen, es meint das Wesen des Prozesses. Erstaunlicherweise fragt K. auch kein einziges Mal, was das denn für eine Schuld sei, für die man ihn anklage, so als hätte er implizit schon gewußt, daß der Prozeß mit ihm eins ist. Die Schuld kommt ihm zu, sie ist gleichsam schon konsubstantiell, er kann sich von Anfang an nicht davon lösen. Die Sprache scheint hier Kafka fast zuvorzukommen. Grammatisch ist im Deutschen nämlich jede Distanz zwischen der Schuld und dem, der sie auf sich lädt, unmöglich. »Der Schuldige bin ich«, sagt man oder zur Not »Der Schuldige, ich bin es«, niemals aber wie im Französischen »Le coupable, c'est moi – Der Schuldige *ist* ich«, womit man die Schuld von sich fernhalten könnte. Im Deutschen ist das Pronomen untrennbar mit der entsprechenden Verbform verknüpft, dadurch gibt es weniger Möglichkeiten, sich von einer möglichen Schuld zu distanzieren.

Ständig greift Josef K. auf das alltägliche Leben zurück, wo der Prozeß eben nicht angesiedelt ist, so möchte er gleich seinen Freund, den Staatsanwalt Hasterer, anrufen, und der Aufseher hat nichts einzuwenden, im Gegenteil: *»Gewiß«, sagte der Aufseher, »aber ich weiß nicht, welchen Sinn das haben sollte, es müßte denn sein, daß Sie irgendeine private Angelegenheit mit ihm zu besprechen haben.«*

Als er abends heimkommt, führt er seiner Nachbarin, Fräulein Bürstner, seine Verhaftung vor, als ob er nicht anders könnte, als sich selbst vorzuführen. *Fräulein Bürstner die lachend zuhörte legte den Zeigefinger an den Mund, um K. am Schreien zu hindern, aber es war zu spät, K. war zu sehr in der Rolle, er rief langsam »Josef K.!«, übrigens nicht so laut wie er gedroht hatte, aber doch so daß sich der Ruf, nachdem er plötzlich ausgestoßen war, erst allmählich im Zimmer zu verbreiten schien.*

K. sucht Bestätigung, er »inszeniert« seine Verhaftung, als ginge sie ihn nichts an, als wäre er nur deren Zeuge, wie um sie *einzuordnen*, als ob er so seine Verhaftung materialisieren und wieder in die gewohnte Welt integrieren könnte, die ihn umgibt, aus der sie jedoch nicht kommt. Es gibt kein *Material* für diesen Prozeß, der darin besteht, daß es keines gibt. Er besteht darin, vom Prozeß betroffen zu sein, der K.s Prozeß ist. Die Verhaftung kommt nirgendwo her, von keiner bestimmten Instanz.

In allen Erzählungen und Romanen Kafkas betreffen sämtliche sich ergebenden »Dispositive« immer nur eine einzige Person, der Prozeß wird nur einem gemacht. *»Es handelt sich ja um Ihr Glück«*, sagt Frau Grubach, die Zimmerwirtin, zu K.

Beharrlich und unermüdlich gehen Kafkas Figuren in die

falsche Richtung, die eben deshalb falsch ist, weil sie sie gewählt haben, in Unkenntnis dessen, was erst eintreten wird, wenn sie an der Kreuzung der Unmöglichkeiten im Zentrum des Buches stehen, und dieses Zentrum bin ich, der Leser (ich kann nicht gleichzeitig der Ablauf sein und das, was abläuft). *Letztlich ist das, was sich selbst entgeht, was der Diskurs fixieren möchte wie das Denken selbst, das Zwischen-zwei-Wörtern, man könnte auch sagen, das absolut Unbeständige. Vielleicht läßt das Denken den Sätzen deshalb keine Zeit*, schreibt Patrice Loraux.

Kafkas Figuren sind in einer ungreifbaren Beständigkeit ausschließlich mit sich selbst beschäftigt, ohne es zu merken, weil sie selbst diese Beständigkeit sind, eine Art innerer Dauer, der entsprechend sie die Tatsachen anordnen, die ihre Geschichte ausmachen. *Eine Art Im-Werden-Sein, die kein echtes Außen kennt und keinen ständigen Horizont, unter dem sich die Veränderungen entfalten, wird ganz in der Gegenwart gelebt*, schreibt Maurice Dayan in seinem Vorwort zu *Le rêve nous pense-t-il? – Denkt uns der Traum?*

Kaum sind sie betroffen, vom ersten Moment gestreift – ob es eine Verhaftung ist, die eigentlich keine ist, eine Ankunft zu Fuß im Schnee, ein vergessener Regenschirm oder, wie bei *Michael Kohlhaas*, einsetzender Regen, kaum ist das Eingetretene tatsächlich eingetreten – der Aufseher ruft K. wie später der Priester im Dom –, gibt es keine Möglichkeit des Entkommens mehr.

Keine äußerliche Mechanik setzt sich da in Gang, keine zermalmende Maschinerie, kein fatales Schicksal, bloß das »Subjekt« selber.

Mit einem Schlag, einer plötzlichen Wendung in eine

34

eigene Gegenwart geworfen, deren Anhaltspunkte sich nach und nach alle auflösen, findet sich das »Subjekt« jedes möglichen Bezugs beraubt. Es gibt kein Erworbenes mehr. Was von da an eintritt, tritt, nur weil es eintritt, verschoben ein und zu spät; was ist, kann nicht anders sein, als es ist, es sei denn, es fällt mit dem zusammen, was nicht ist.

Was Kafka am 6. Januar 1914 in sein Tagebuch notiert, sagt genau das: *Warum wandern die Tschuktschen aus ihrem schrecklichen Lande nicht aus, überall würden sie besser leben, im Vergleich zu ihrem gegenwärtigen Leben und zu ihren gegenwärtigen Wünschen. Aber sie können nicht; alles was möglich ist, geschieht ja; möglich ist nur das, was geschieht.*

In der Unbegrenztheit des Eventuellen geschieht von allem, was, bevor es geschieht, in der Schwebe ist, stets nur das, was geschieht und so mit einem Schlag für immer jedes andere Mögliche ausschließt. In der absoluten Unerbittlichkeit des Zufälligen gibt es nur das, was es gibt. Das Zufällige ist immer nur dieses und nie ein anderes. *Es gibt Möglichkeiten für mich, gewiß, aber unter welchem Stein liegen sie?* schreibt Kafka ein paar Tage später in sein Tagebuch, gefolgt von dem isolierten *Vorwärtsgerissen, auf dem Pferd.* Ich bin nur die Bewegung, die mich davonträgt und deren Etappen wenig bedeuten; das Ziel ist, daß es nicht erreicht wird.

Kafka dreht Steine um, doch Möglichkeiten sind nicht darunter. *Ich bin von allen Dingen durch einen hohlen Raum getrennt, an dessen Begrenzung ich mich nicht einmal dränge,* schreibt Kafka am 17. Dezember 1911 in sein Tagebuch. Und am 5. Dezember 1914, als er sich von seiner Familie isoliert fühlt: *(Ein Bild meiner Existenz in dieser Hinsicht gibt eine nutzlose, mit Schnee und Reif überdeckte, schief in den Erd-*

boden leicht eingebohrte Stange auf einem bis in die Tiefe aufge-
wühlten Feld am Rande einer großen Ebene in einer dunklen
Winternacht.)

Ich bin der Mittelpunkt eines Kreises, den ich mit mir
herumtrage. In Kafkas *Schloß* ist K. zu Vermessungsarbeiten
bestellt, der Dorfvorsteher erklärt ihm jedoch: *»Sie sind als
Landvermesser aufgenommen, wie Sie sagen, aber, leider, wir brau-
chen keinen Landvermesser. Es wäre nicht die geringste Arbeit für
ihn da.«*

Es war nicht einmal ein Irrtum, sondern ein unklares,
verirrtes und plötzlich wiederaufgetauchtes Dokument, was
zu K.s Bestellung führte. Tatsächlich ist nichts passiert, und
es passiert auch nichts, außer für K., dessen Anwesenheit im
Dorf kaum stört. Er steht inmitten der Nichtereignisse, die
nur ihn betreffen, immer ganz in der Nähe dessen, dem er
sich nähert, ohne es je zu erreichen.

Er fühlt sich auf dieser Erde gefangen, heißt es in den unter
dem Titel *Er* versammelten Aphorismen Kafkas aus dem
Jahr 1920, *ihm ist eng, die Trauer, die Schwäche, die Krankheiten,
die Wahnvorstellungen der Gefangenen brechen bei ihm aus, kein
Trost kann ihn trösten, weil es eben nur Trost ist, zarter kopf-
schmerzender Trost gegenüber der groben Tatsache des Gefangen-
seins. Fragt man ihn aber, was er eigentlich haben will, kann er
nicht antworten denn er hat – das ist einer seiner stärksten Beweise –
keine Vorstellung von Freiheit.*

Ich bin, was mich bewegt, ich komme nicht voran, ich
bin mir voraus, uneinholbar, und das läßt mich um so
stärker danach streben. Meine Vorwärtsbewegung ist von
mir untrennbar. Die Existenz ist wie ihr eigener Drang nach
ihr selbst; sie ist, was sie innerlich zu ihr macht – Fichte

nennt das *das Wissen des Wissens*, Jean-Jacques Rousseau das *Gefühl der Existenz*. Ein solches sich selbst immer gleichbleibendes *Empfinden* stößt in seiner Kontinuität an die Unebenheiten der Abläufe.

Der Akt des Schreibens ist also nur das, was in der Materialität des Schreibens aufgeht, mit ihr verschmilzt, mit der Stofflichkeit, die für ihn konstitutiv ist – so wie das fließende Wasser sich nicht vom Fließen lösen kann. Der Satz kann nicht sagen, was ihn treibt, deshalb spricht er. es ist das Feuer, das mit dem Verdammten auflebt, wie in Rimbauds »Nacht der Hölle«, es ist der Rand, der nicht über sich hinauskann, das in seinem Schreiben gefangene Schreiben, in seine Gestalt gezwungen wie Gregor Samsa in der ›Verwandlung‹.

Gregor Samsa konstatiert den Zustand seines Körpers: Er steckt offensichtlich im Panzer des Käfers, zu dem er geworden ist. Er kann nicht nicht eingeschlossen sein in diese Gestalt – das ist eine stumme und unüberwindliche Feststellung. Ich bin, wo ich bin.

In allen Erzählungen Kafkas gibt es immer diesen stummen Punkt. Die bloße Tatsache des Formuliertwerdens löscht die Formulierung aus (Wittgenstein). Nachträglich muß man alles wieder von vorn anfangen. Die Literatur, von Ausnahmen wie Kafka vielleicht abgesehen, versucht unablässig, die Sache frontal zu nehmen, das Unaussprechliche anzusprechen, und bricht sich daran das Wort. Beharrlich will sie das bezwingen, was immer in ihrem Rücken ist und was sie daher nicht sieht. Sie rennt gegen das Hindernis, ohne zu erkennen, daß es ihr Wesen ist, sich nicht zu überschreiten. Doch Kafka, und das zeichnet ihn aus, macht aus diesem Mangel, dieser Ohnmacht den Kern seines Schreibens. Um diesen leeren Punkt herum entsteht alles, wie bei Kleist, der diese Wand wohl überwinden wollte. So möchte Michael Kohlhaas nach der Rückkehr von einer Geschäftsreise gern wissen, was aus seinem treuen Diener Herse geworden ist, der sich auf der Tronkenburg um die einbehaltenen Pferde kümmern sollte. Nun ist der jedoch, fast totgeschlagen, wieder in Kohlhaasbrück und liegt dort zu Bett. Kohlhaas weiß, daß sein Diener in die Falle gelockt wurde, fragt ihn aber ganz genau aus, um sich von ihm noch bestätigen zu lassen, was ihm ohnehin bekannt ist – ganz wie Josef K. sich mit lauter Stimme »Josef K.« ruft, als er seine Verhaftung vor Fräulein Bürstner nachstellt.

Kohlhaas will Herse in die Enge treiben: Er sei doch Gast auf der Burg gewesen, sagt er, wohlwissend, daß sein Diener dort mißhandelt wurde. Getrieben von einer Art verzweifeltem Drang, sich gegen das Offensichtliche zu sträuben, sucht er nach Möglichkeiten, Herse in Widersprüche zu verwickeln, ihn bei einem Fehler zu ertappen. Jeder noch so schwache Hinweis hätte vielleicht eine Verkettung der zufälligen Ereignisse verhindert und ihm erlaubt, sich selbst, seinem Sich-selbst-voraus-Sein zu entgehen. Mit allen Mitteln will er dem Druck seiner eigenen Gewißheit ausweichen, er will widerlegt werden, das Initialereignis aufheben, der Tatsache der willkürlichen Konfiszierung seiner Pferde ledig sein, um diesem unvermeidlichen Sich-selbst-voraus-Sein nicht ausgesetzt zu sein.

Aber er sucht auch, um nicht zu finden, weil er auf einmal erkannt, erahnt hat, was ihn von da an ausmacht (die Besessenheit von der Gerechtigkeit). Er sucht, um nicht zu finden, aber von da an geht alles in die einmal eingeschlagene Richtung, und ohne eine äußere Einwirkung, die nicht in die Grundtonart paßte. Obwohl alles mehr oder weniger zufällig geschieht, tritt es nun entsprechend der Person im Zentrum der Geschichte ein. In den *Betrachtungen über Sünde, Leid, Hoffnung und den wahren Weg* schreibt Kafka: *Es ist nicht notwendig, daß Du aus dem Haus gehst. Bleib bei Deinem Tisch und horche. Horche nicht einmal, warte nur. Warte nicht einmal, sei völlig still und allein. Anbieten wird sich Dir die Welt zur Entlarvung, sie kann nicht anders, verzückt wird sie sich vor Dir winden.*

Josef K. schwelgt geradezu in seiner Verhaftung und hört nicht auf, sie ständig zu wiederholen: *Wäre ich gleich nach dem Erwachen, ohne mich durch das Ausbleiben der Anna beirren zu lassen, gleich aufgestanden und ohne Rücksicht auf irgendjemand, der mir in den Weg getreten wäre, zu Ihnen gegangen [...] kurz hätte ich vernünftig gehandelt, es wäre nichts weiter geschehn, es wäre alles, was werden wollte, erstickt worden. Man ist aber so wenig vorbereitet.*

Anders gesagt: Man sieht, wie sich plötzlich etwas vor einem öffnet, das hätte vermieden oder getan werden können, aber nicht vermieden oder getan wurde, weil es »keinen Grund« dafür gab oder dieser »Grund« plötzlich da ist. Hier wie überall bei Kafka ist man nahe an Pascal: *Nichts ist so sehr der Vernunft gemäß wie diese Verleugnung der Vernunft.* Pascal hat das, wie wir wissen, aus ganz anderen Gründen geschrieben, die aber letztlich wohl doch nicht so weit von denen Kafkas entfernt sind.

Durch die Rekonstruktion seiner Verhaftung geht Josef K. tiefer in sie hinein, wie Michael Kohlhaas nach Ausschöpfung aller Mittel durch die legitime Verfolgung des Junkers von Tronka, der sich seine Pferde angeeignet hat, sich in seiner Überzeugung immer mehr verfängt, indem er Zerstörung auf Zerstörung häuft und, wie Kleist schreibt, *in die Hölle unbefriedigter Rache zurückgeschleudert* wird.

Die Zeichen *sind* nur Zeichen dessen, was sich entzieht. Im *Schloß* wird K. so wenig zugelassen wie verjagt. Alles betrifft ihn, doch nichts geschieht. Außer als Funktion seiner selbst gelingt es K. nie, die Wirklichkeit zu erreichen. Er kann sie nicht erreichen, wie sie ist, wenn er in ihr nicht vorkommt, als ob sie außerhalb seiner selbst nicht existierte. (Wie ist denn der Baum hinter mir?) Es gibt keine schon vorher feststehende Wirklichkeit. *Die Augen auf das Schloß gerichtet, gieng K. weiter, nichts sonst kümmerte ihn. Aber im Näherkommen enttäuschte ihn das Schloß, es war doch nur ein recht elendes Städtchen, aus Dorfhäusern zusammengetragen, ausgezeichnet nur dadurch, daß vielleicht alles aus Stein gebaut war.*

Nie entsprechen die Dinge und die sich bietenden Gelegenheiten den Erwartungen, die man an sie hat. Nicht das Zusammenfallen mißlingt, es gibt nur ein Nichtentsprechen. Zusammenfallen und Scheitern betreffen immer nur den, den es angeht. Eigentlich gibt es kein Scheitern, oder es ist nicht bedeutsam, weil es nur für den Scheiternden ein Scheitern ist.

Das Schloß, das Gericht, die Geräusche im *Bau* existieren vielleicht aus sich selbst heraus, aber sie *sind* nur durch Josef K., durch das Tier, die nie die sie betreffende Wirklichkeit erreichen und schon gar nicht die Wirklichkeit *an sich*, so wie sie wäre, wenn K. oder das Tier nicht da wären. Das Gericht ist nur dort, wo Josef K. ist, und das Schloß existiert nur in Bezug auf K. Es gibt kein Anders – es gibt kein Woanders als das Hier. Diese Unmöglichkeit des Woanders macht Kafka sichtbar.

Jeder Abiturient kennt die Heisenbergsche Unschärferelation, die darauf hinweist, daß allein die Beobachtung einer Gruppe von Teilchen diese verändert. Und dank der Lektüre von Kants *Kritik der reinen Vernunft* ist ihm bewußt, daß das Ding an sich nicht erkennbar ist, weil Zeit und Raum schon dessen Verhältnis enthalten und man deshalb nur weiß, was dieses Verhältnis ergibt. Genauso läßt sich bei Kafka die verblüffende Selbstverständlichkeit mit Händen greifen, daß keine Überschreitung sich selbst überschreiten kann und daß ich mich nicht von hinten sehen kann. Das Woanders als solches gibt es nur in der unwiderruflichen Trennung vom Hier: Alles, was außerhalb des Horizonts des Sichtbaren liegt, ist unsichtbar.

Das Zusammenfallen des Sagens und des Gesagten im Aussprechen fällt so absolut mit sich selbst zusammen, als man es nur so sagen kann, wie es gesagt wird, im Wortlaut dieses Zusammenfallens mit sich selbst, während rundherum ein unendliches, stummes Unausgesprochenes liegt aus all dem, was nicht damit zusammenfällt.

Außerdem verschwindet das Wort *(la parole)*, wenn man die Wörter *(les mots)* sagt – kurioserweise kann man im Deutschen nicht zwischen *la parole* – das Wort – und *le mot* – das Wort – unterscheiden. Noch einmal Wittgenstein: *Wenn die Sprachspiele sich ändern, ändern sich die Begriffe und mit den Begriffen die Bedeutungen der Wörter*, was Pascal kürzer sagte: *Derselbe Sinn ändert sich mit den Worten, die ihn ausdrücken.*

Einer wie der andere, der Philosoph (Wittgenstein) und

der Schriftsteller (Kafka) können nicht anders sprechen, als sie sprechen, während sie sprechen. Pascal wiederum hatte *die andere Sprache* gefunden, ist aber zu früh gestorben, um sie zu sprechen. Kafka verschiebt nicht Philosophisches ins Literarische, er findet das Philosophische *im* Literarischen. Vielleicht müssen die Philosophen, die so nah an dem sind, was sie sagen wollen, aus dem Philosophischen herauskippen, um es zu sagen (aber dann werden sie, als Philosophen, nicht gehört). Kafka versucht nicht, als Philosoph zu sprechen, aber in dem, was er schreibt, manifestiert sich Philosophisches, und zwar in der Sprache Kafkas statt in der üblichen Form. Das Philosophische verkörpert sich nicht im Erzählten – Kafka und das Philosophische sagen bloß dasselbe.

Es gibt keine Ideen bei Kafka, nur *Erlebtes*, biographisch Gefühltes, körperlich Erfahrenes, ein fast physisches Empfinden der unbeweisbaren Identität, die sich jeder Definition entzieht. Auf sich selbst angewiesen, entdecken Kafkas Figuren, daß sie auf nichts anderes rückführbar sind als auf diese innere, ungreifbare Konsistenz ohne Inhalt, ohne Namen, ohne Anhaltspunkt, die für sich selbst nur durch das ständige Zerfallen der Zeichen belegt ist. Kafka ist weniger weit von Rimbaud entfernt, als es auf den ersten Blick scheinen mag, beider unformulierbare Verdutztheit entspricht demselben zwingenden Versagen der Sprache, dieser Fülle, die sich dem Zugriff entzieht: *Ich stehe dem Aufblühen meines Gedankens bei: ich betrachte ihn, ich höre ihn: ich führe den Streich mit dem Bogen: die Symphonie regt sich in der Tiefe oder betritt mit einem Sprung die Bühne*, schreibt Rimbaud in seinem berühmten *Seherbrief* vom 15. Mai 1871 an Paul Demeny.

Jeden Moment gibt es das für immer Unansprechbare und unwiderruflich Verfehlte. Es ist immer das Unerwartete, das die Figuren Kafkas ohne ihr Wissen in sich selbst eintauchen läßt. Rimbaud noch einmal, im selben Brief: *Er suche sich selbst, er schöpfe alle seine Gifte aus, um nur ihre Quintessenzen zu bewahren. Unsägliche Folter, zu der er seinen ganzen Glauben nötig hat, all seine übermenschliche Kraft, unter der er unter allen der große Kranke wird, der große Verbrecher, der große Verdammte, – und der höchste Weise! Denn er kommt im Unbekannten an!*

Genauso ist es bei Kafka, mit einem wesentlichen Unterschied: daß, was bei Rimbaud *Entdeckung* ist, bei Kafka *Verzicht* wird; es ist nichts anderes zu tun, jedes Anders geschieht von selbst, es gibt keinen Stoff, in den man sich einlassen könnte.

Beide nehmen die Erschöpfung der Worte in der Sprache, ihr Ungenügen auf sich – *eine Sprache finden* nennt das Rimbaud in seinem Seherbrief.

Die Sprache ist wie dafür gemacht, das Wesentliche nicht ansprechen zu können; Kafka im Dritten Oktavheft: *Es gibt Fragen, über die wir nicht hinwegkommen könnten, wenn wir nicht von Natur aus von ihnen befreit wären.* Und gleich danach: *Die Sprache kann für alles außerhalb der sinnlichen Welt nur andeutungsweise, aber niemals auch nur annähernd vergleichsweise gebraucht werden, da sie entsprechend der sinnlichen Welt nur vom Besitz und seinen Beziehungen handelt.*

Die Sprache bringt das, wovon sie nicht sprechen kann, zum Erscheinen. Das Ansetzen ist nicht mehr rückgängig zu machen. Daher sagt diese Sprache in ihrer kristallinen, furchterregenden Klarheit nichts anderes als was sie sagt.

Das Übermaß, dem Rimbaud Raum gibt, ist der Mangel, in den Kafka geworfen ist, die Vielfalt des einen ist die Genauigkeit des anderen. Bei Kafka trifft jedes Wort ins Zentrum der Dinge und läßt für nichts anderes Platz als für das Gesagte.

Wenn man in einem Impressionisten-Saal van Gogh betrachtete, bemerkt man an ihm sofort die Klarheit, die fast unerträgliche lucidité. Erstaunlich zu sehen, wie sich das Spannungsverhältnis zwischen Ekstatischem und Luzidem aufbaut, schreibt Paul Nizon in *Taubenfraß.* Die Sprache ist Anzeichen dafür, daß der Mangel unausgeglichen bleibt, ein Mangel, den Bergson in *Denken und schöpferisches Werden* so definiert: *Die Unzulänglichkeit unserer Wahrnehmungsmöglichkeiten – festgestellt durch unsere Wahrnehmungs- und Denkmöglichkeiten – hat zur Geburt der Philosophie geführt.*

Dieser zu durchlaufende Zwischenraum ist das, wodurch die Philosophie überhaupt als solche sein kann; Josef K. versucht ihn auszufüllen. Bei Kafka wird er zum Wesen des Schreibens.

44

III

Ein unsinniges Hoffen

Bei der Kafka-Lektüre fällt die Beharrlichkeit der Figuren auf, die stets auf ihre eigenen Kosten geht. Kafka in *Prometheus*:

> *Von Prometheus berichten vier Sagen. Nach der ersten wurde er weil er die Götter an die Menschen verraten hatte am Kaukasus festgeschmiedet und die Götter schickten Adler, die von seiner immer nachwachsenden Leber fraßen. Nach der zweiten drückte sich Prometheus im Schmerz vor den zuhackenden Schnäbeln immer tiefer in den Felsen bis er mit ihm eins wurde. Nach der dritten wurde in den Jahrtausenden sein Verrat vergessen, die Götter vergaßen, die Adler, er selbst. Nach der vierten wurde man des grundlos Gewordenen müde. Die Götter wurden müde, die Adler. Die Wunde schloß sich müde. Blieb das unerklärliche Felsgebirge. – Die Sage versucht das Unerklärliche zu erklären; da sie aus einem Wahrheitsgrund kommt, muß sie wieder im Unerklärlichen enden.*

Dieser kurze Text erschien postum, zunächst 1931, nach dem *Bau der chinesischen Mauer*.

Kafka beschreibt das Unerklärliche. Dieses Unerklärliche, das durch das Initialereignis eröffnet wird, strebt aus seinem Wesen heraus nach Vollendung (Auflösung). Josef K. strebt nach dem Ende seines Prozesses, K. zu seiner Arbeit für das Schloß. Doch das Initialereignis kommt zu spät, weil es sich bereits ereignet hat, es beschließt, was hätte sein können. So wird es nach der Erscheinung Mozarts nie wieder eine Erscheinung Mozarts geben. Was geschieht, setzt dem ein Ende, was hätte geschehen können. Doch die Figuren Kafkas verharren in diesem Vorher, in diesem seit eh und je vergangenen und vernagelten Nochnicht, denn, noch einmal, es geschieht nur, was geschieht, unter Ausschluß des ganzen Rests. Keine äußere Macht zwingt Josef K., zum Gericht zu gehen. Er wird nur telefonisch vorgewarnt, daß *eine kleine Untersuchung in seiner Angelegenheit* stattfinden soll, nächsten Sonntag, um ihn nicht von seiner Arbeit abzuhalten. Nun hat ihn aber der Direktor-Stellvertreter just für diesen Tag zum Segeln eingeladen. Unterwegs zum Gericht begegnet er den drei Bankangestellten, die schon am Tag seiner Verhaftung anwesend waren. Da es ihm nicht gelingt, das Gericht zu finden, weil in dieser Straße alle Häuser gleich aussehen, erfindet er einen Tischler Lanz, nach dem er angeblich sucht. Ja, das sei hier, wird ihm gesagt, er geht in das Haus und findet das Gericht, wo er gefragt hat. K. betritt einen niedrigen Versammlungsraum, der nichts von einem Gericht an sich hat; man wirft ihm seine Verspätung vor, obwohl er die Zeit – neun Uhr, und es ist tatsächlich später – selbst gewählt hat. Er wird für einen Zimmermaler gehalten, obwohl er Bankprokurist ist. Als er später wiederkommt, findet er ein leeres Zimmer, alles entzieht sich, nichts entspricht je dem, was es sein sollte. Es gibt nie die erwartete Antwort, sie ist nie da, wo man sie erwartet, sie ist nie, wie man sie erwartet, weil es keine gibt. Es gibt nur die Gegen-

wart des Gegenwärtigen inmitten der ungeheuren Abwesenheit des ganzen Rests (der nicht existiert). Die Unendlichkeit der Möglichkeiten löst sich im Wirklichen auf,
das alles ausschließt, was nicht verwirklicht wird: *Er frißt den
Abfall vom eigenen Tisch, dadurch wird er zwar ein Weilchen lang
satter als alle, verlernt aber oben vom Tisch zu essen, dadurch hört
dann aber auch der Abfall auf,* heißt es in den *Betrachtungen über
Sünde, Leid, Hoffnung und den wahren Weg* von 1909.

Ich bin das Bewegliche und die Bewegung zugleich.
Kafkas Figuren existieren aus der Spannung heraus, die nur
das Streben nach ihrer Aufhebung in der Erfüllung ist. Ist
das erreicht, verschwindet sie schlagartig. Das Streben zer-
schellt am Erreichen des Ziels, das heißt, an der Hinrichtung am Ende des *Processes.* Die Beharrlichkeit ist schon die
Distanz, die ihrem Wesen nach darin besteht, noch nicht
überwunden zu sein, sie ist ihr eigener Zwischenraum. In
der Erzählung ›Eine kaiserliche Botschaft‹ von 1917 erfährt
man viel über die Art dieses Raums.

Nichts in der Erzählung weist die Entfernung von Anfang an als unüberwindlich aus, doch der Leser weiß, daß
sie es ist, und sie ist der eigentliche Inhalt der Erzählung:
Die Botschaft erreicht ihren Bestimmungsort nicht, obwohl
alle Hindernisse beseitigt werden. Der Bote macht sich
gleich auf den Weg, *ein kräftiger, ein unermüdlicher Mann; einmal diesen, einmal den andern Arm vorstreckend schafft er sich
Bahn durch die Menge; findet er Widerstand, zeigt er auf die Brust,
wo das Zeichen der Sonne ist; er kommt auch leicht vorwärts, wie
kein anderer. Aber die Menge ist so groß; ihre Wohnstätten nehmen
kein Ende. Öffnete sich freies Feld, wie würde er fliegen und bald
wohl hörtest Du das herrliche Schlagen seiner Fäuste an Deiner Tür.*

Aber statt dessen, wie nutzlos müht er sich ab; immer noch zwängt er sich durch die Gemächer des innersten Palastes; niemals wird er sie überwinden; und gelänge ihm dies, nichts wäre gewonnen; […] und so weiter durch Jahrtausende […] Du aber sitzt an Deinem Fenster und erträumst sie Dir, wenn der Abend kommt. Die Entfernung ist Distanz, weil sie sich als solche erhält, indem sie nach ihrer Aufhebung strebt. Zwei Texte Kafkas tragen denselben Titel, ›Die Abweisung‹, der eine ist in den *Erzählungen* zu finden, der andere in der *Beschreibung eines Kampfes*, dieser beschreibt eine Stadt, wo alles auf Distanz bleibt: *Unser Städtchen liegt nicht etwa an der Grenze, bei weitem nicht, zur Grenze ist noch so weit, daß vielleicht noch niemand aus dem Städtchen dort gewesen ist, wüste Hochländer sind zu durchqueren, aber auch weite fruchtbare Länder. Man wird müde wenn man sich nur einen Teil des Weges vorstellt und mehr als einen Teil kann man sich gar nicht vorstellen.*

Die Strecke ist, daß sie begangen wird. Jeder Aufbruch ist nur seine permanente Fortsetzung. Im Boten manifestiert sich die Überwindung des Weges, er ist das Vorankommen. Die Route ist gegeben, führt aber nicht dorthin, wohin sie geht. Das Nichthingelangen ist im Vorankommen enthalten – es ist dessen Wesen. Das Ziel hebt das Streben danach von Natur aus nicht auf, es setzt ihm nur ein Ende, genauso wie das Wort *(la parole)* die Wörter *(les mots)*, die es ausdrücken, überdauert. Das Sprechen *(le langage)* ist immer diesseits der Lust zu sprechen. Es gäbe kein Sprechen, wenn das Bedürfnis zu sprechen es nicht überdauerte.

Das Außergewöhnliche, Einzigartige bei Kafka ist, daß er diese Distanz nicht darlegt, sondern im inneren Raum des Lesers öffnet. In einem der Fragmente, die in der deutschen

Kafka-Ausgabe bei Fischer in dem Band *Hochzeitsvorbereitungen auf dem Lande* versammelt sind, schreibt Kafka: *Das Leben ist eine fortwährende Ablenkung, die nicht einmal zur Besinnung darüber kommen läßt, wovon sie ablenkt.*

Nur daß es losgeht läßt das, was da losgeht, entgleisen, ohne daß man sagen könnte, was da entgleist und wie. Um Kafka zu paraphrasieren: Wenn es anfängt, ist es zu spät, das Davor des Anfangens ist auf ewig angetastet. Doch es fängt nur für jemanden an. Immer gibt es einen, der Urheber und Gegenstand dessen ist, was abläuft. Die konkreten Dinge, die ganze äußere Welt existieren ausschließlich in jemandes Gegenwart. Es gibt keine Welt des In-sich, ich weiß nichts von dem Baum hinter mir. Es gibt immer jemanden bei Kafka, daher seine »Humanität«, wenn man es noch wagt, dieses in Verruf geratene Wort zu gebrauchen.

Auch das Philosophische ist in »jemandem« verkörpert (und sei es in dem seinen Text schreibenden »Philosophen«), so daß man sich fragen könnte, ob es sich bei Kafka nicht wahrhaft um eine »Methode« handelt, der es gelingt, das Philosophische dort auszusagen, wo es nicht ist.

Alles wird auf faßliche Art durch lebende Wesen dargestellt: *Zwei Knaben saßen auf der Quaimauer und spielten Würfel. Ein Mann las eine Zeitung auf den Stufen eines Denkmals im Schatten der säbelschwingenden Helden. Ein Mädchen am Brunnen füllte Wasser in ihre Bütte. Ein Obstverkäufer lag neben seiner Ware und blickte auf den See hinaus. In der Tiefe einer Kneipe sah man durch die leeren Tür- und Fensterlöcher zwei Männer beim Wein.* So beginnt die Erzählung ›Der Jäger Gracchus‹, die den unmöglichen Weg zeigt, das Dazwischen: Der Jäger Gracchus hat seinen Tod verpaßt und bleibt in diesem Abstand, der unbestimmten Distanz: *Mein Todeskahn verfehlte die Fahrt, eine falsche Drehung des Steuers, ein Augenblick der Unaufmerksamkeit des Führers, eine Ablenkung durch meine wunderschöne Heimat, ich weiß nicht was es war, nur das weiß ich, daß ich auf der Erde blieb und daß mein Kahn seither die irdischen Gewässer befährt.*

Es ist das bekannte Thema des Aufenthalts zwischen Leben und Tod (mag sein, daß Kafka dabei an die Legende vom Fliegenden Holländer oder an Heinrich Heines *Rabbi von Bacherach* dachte). Entscheidend aber ist hier das Nicht-endenwollen, die Unmöglichkeit des Erreichens: Der Jäger Gracchus verkehrt gewissermaßen *Das Prinzip Hoffnung*, wie es Ernst Bloch genannt hat, um daraus das Beharren in seiner Unmöglichkeit zu isolieren. Voltaire ist ihm in seinem *Candide* nicht fern: (…) aber ich hing noch zu sehr am Leben. Diese lächerliche Schwäche ist wohl eine unserer unheilvollsten Neigungen; denn kann es etwas Törichteres geben, als beständig eine Last mit sich herumzuschleppen, die man immer abschütteln möchte (…) Die Hoffnung existiert nur als erhoffte, das sagt auch ein sehr schönes, vor dem Zweiten Weltkrieg erschienenes Buch von Robert Rochefort, *Kafka ou l'irréductible espoir* – Kafka oder die unzähmbare Hoffnung.

Niemand steigt bei Kafka aus dem Spiel aus; jede Erzählung dauert so lange wie die Figur, die sie in Szene setzt. Bendemann im ›Urteil‹, der Philosoph im ›Kreisel‹, das Tier im ›Bau‹, ›Die Sängerin Josefine‹ – alle erscheinen in der Koinzidenz mit ihrer Anwesenheit in der Erzählung, das eine reicht nicht über das andere hinaus, die Erzählung entfernt sich nie von ihrem Gegenstand. Die Figuren sind nur, solange sie in der Erzählung sind, und umgekehrt: Alles ist in einem Davor und einem Danach enthalten, von denen man nichts weiß und die es nicht gibt.

Was Kafka vielleicht ausdrückt, ist die Unmöglichkeit der Umkehr: Es gibt kein Bedauern, keine Wiedergutmachung, nicht Hilfe noch Rettung, keine Überprüfung, keinen Appell, keine Revision. Man gelangt nie dorthin zurück, woher man kommt. Alles ist immer zu spät. Kafkas Welt ist eine Welt nach der Gnade, in der der Konjunktiv nicht existiert.

Doch Kafka ist auch Hartnäckigkeit, Beharren im Sein, ein sehr jüdischer Starrsinn übrigens: weiterleben zu wollen um jeden Preis, allen Erscheinungen der Menschenjagd zum Trotz. Das ist auch Pascal nicht entgangen, denn es gab – außer sehr viel später Charles Péguy – wohl kaum jemanden, der von den Juden mit soviel Hochachtung sprach, von einem christlichen Standpunkt aus, aber mit leidenschaftlichem Respekt: *Ich finde die Tatsache, daß es seit Menschengedenken hier ein Volk gibt, das weiterbesteht und älter als jedes andere Volk ist ... Je mehr ich sie prüfe, desto mehr Wahrheit entdecke ich in ihnen. Ein ganzes Volk verkündet ihn vor seiner Ankunft, ein ganzes Volk betet ihn nach seiner Ankunft an; sowohl, was vorausgegangen, wie auch, was danach geschah; ... die elend und ohne Propheten sind, [dienen] uns als bewundernswerte Zeugen für die Wahrheit dieser Prophezeiungen, in denen ihr Elend und ihre Verblendung vorausgesagt wird. Schließlich haben sie keine Götterbilder und keinen König mehr* – weil sie, wie Kafka, ihrem eigenen Weg treu bleiben in ihrer erschütternden Verbohrtheit, nicht glauben zu wollen. Pascal sah in den Juden bewundernd *große Verehrer der Verheißungen und große*

Feinde der in Erfüllung gegangenen Verheißungen. Der Erfüllung feind zu sein bedeutet nichts anderes als: Ausdauer, Warten, eben das, warum es Leben gibt. Kafka ist ein »Feind der Erfüllung«. In der Erfüllung steckt das Ende, das Verschwinden, der Tod – wie in der Nichterfüllung.

Es ist wahrscheinlich, daß das Judesein auch Kafkas Sein zutiefst geprägt hat, denn Judesein heißt im Sartreschen Sinn, sich jederzeit im Ungewissen zu wissen, das heißt, man fragt sich ständig, ob man am Leben gelassen wird oder nicht. Der Jude ist der Einzige unter allen Menschen, der so geboren wird, unter dem Zeichen der Verdammung, und von Anfang an weiß – weil es ihm die ganze Zeit gesagt wurde und er es seit jeher weiß –, daß ihm alle Rechte aberkannt sind, daß er an sich im Voraus schon verboten ist. Wie ein Schirm trennt ihn das Judesein von den anderen, wie eine nichtexistente, nichtwahrnehmbare und doch unüberwindliche Trennwand: sich, wie dem auch sei, unrechtmäßig zu wissen, von der Geschichte durch eine permanente Bedrohung auf ewig gestutzt. Durch diese einzige winzige Verschiebung existieren die Figuren Kafkas.

Wer nur ein einziges Mal als Jude bezeichnet wird (auch wenn er es nicht ist), wird in die *untersten Regionen des Todes* verwiesen. Jeder Jude – auch Kafka – weiß körperlich, von Geburt und instinktiv, daß er wie der Jäger Gracchus über dem Tode wandelt, nicht dem natürlichen Tod, sondern dem Todes*urteil*, wie Josef K. Für einen »Juden« ist die Vollstreckung eine Vorbedingung, ein Wissen vor allem anderen Wissen, und auf dieser Grundlage richtet er sein Leben ein. *Zerstörerisch in seiner Wirkung, sadistisch aus reinstem Herzen,* *ist der Antisemit in seinem tiefsten Inneren ein Krimineller. Was er möchte, was er vorbereitet, ist der Tod des Juden«,* schreibt Jean-Paul Sartre in seinen *Gedanken zur Judenfrage.* Seit jeher weiß der Jude sich in der Gnadenfrist, die Gnadenfrist ist der eigentliche Stoff von Kafkas Erzählungen.

Der Jude ist seine eigene Gnadenfrist, deshalb gab die Polizei Deutschösterreichs den Juden unmittelbar erkennbare Familiennamen. Sie sind von Anfang an *tötbar,* wie Marguerite Duras einmal gesagt hat. Diese *Tötbarkeit* begründet für sie, was Jean-Jacques Rousseau das *Gefühl der Existenz* genannt hat.

Die Geburt verleiht dem Menschen eine natürliche Selbstverständlichkeit und Legitimität, die dem Juden nie verliehen wird, weil seine Geburt immer »ein Mißgeschick« ist – sie entspricht nicht der Ordnung der Natur. Vom ersten Augenblick an legt man ihm nahe, sich so zu sehen, wie man ihn bezeichnet: Das ist der Grund, warum man in weiten Kreisen des deutschen jüdischen Bürgertums Mitte des 19. Jahrhunderts aufhörte, die Beschneidung zu praktizieren. Aber das änderte nichts, wie ab 1933 zu sehen war.

Vom ersten Moment dieser Mahnung an eignet Kafkas Figuren die *Potenz* zu leben (Spinozas *potentia).* Und sie überdauern trotz ständiger Dementis. Einmal bezeichnet, bleiben sie es für immer, nichts kann diese in die Dauer eingeschriebene Bestimmung außer Kraft setzen.

Josef K. oder K. gehen von Enttäuschung zu Enttäuschung, jeder von ihnen unternommene Schritt verliert sich im Ungeeigneten. Sie werden auf die »Leere« verwiesen, aus der ihr Beharren sich speist, wie die Schakale in ›Schakale und Araber‹, einer Erzählung Kafkas aus dem Jahr 1916.

Die Schakale reichen jedem durchreisenden Europäer eine Schere, damit er sie von den Arabern befreie, die sie mit sklavischem, ohnmächtigem Haß hassen. Sie wissen, daß sie vergeblich warten, und leben nur umso mehr in diesem Warten. *Das ist doch allbekannt*, erklärt der Führer der Karawane; *solange es Araber gibt, wandert diese Schere durch die Wüste und wird mit uns wandern bis ans Ende der Tage. Jedem Europäer wird sie angeboten zu dem großen Werk; jeder Europäer ist gerade derjenige, welcher ihnen berufen scheint. Eine unsinnige Hoffnung haben diese Tiere; Narren, wahre Narren sind sie. Wir lieben sie deshalb; es sind unsere Hunde; schöner als die Eurigen.*

Nicht die Schere ist wichtig, sondern das Fortbestehen dessen, für das sie steht: Sie ist ausersehen, zu nichts zu gebrauchen zu sein und zugleich auf ihren Gebrauch zu verweisen. Es ist, als wäre die Formulierung des Ziels eben das, was dessen Erreichen verhindert, als stammte der Wunsch danach, es zu erreichen, aus der Unmöglichkeit des Gelingens. Weil es die Unbesiegbarkeit der Araber gibt, gibt es auch die Schere. Nichts wird so deutlich formuliert wie das, was sich der Bedeutung der Formulierung entzieht.

So endet der *Jäger Gracchus* mit den Worten: »*Ich bin hier, mehr weiß ich nicht, mehr kann ich nicht tun. Mein Kahn ist ohne Steuer, er fährt mit dem Wind der in den untersten Regionen des Todes bläst.*« In aller Gewißheit treibt der Jäger im Unbestimmten – nichts ist gewisser als diese Feststellung.

Es ist, als schnitte die Schere sich selbst oder als hätte ein Messer ohne Griff keine Klinge, unlösbar und unformulierbar, und endet, wie bei dem Mann, der sich von den Abfällen des eigenen Tisches ernährt, im Verzehren und Verschwinden dessen, aus dem es sich nährt.

Der Icherzähler im ›Geier‹, einer Erzählung Kafkas vom November 1920, ist wie blockiert, gelähmt durch das, was ihm geschieht: Ein Geier hackt an seinen Füßen. Ein Passant will sein Gewehr von zu Hause holen, um ihn von dem Tier zu befreien, und fragt, ob er es noch eine halbe Stunde aushalten könne. *Der Geier hatte während des Gespräches ruhig zugehört und die Blicke zwischen mir und dem Herrn wandern lassen. Jetzt sah ich, daß er alles verstanden hatte, er flog auf, weit beugte er sich zurück um genug Schwung zu bekommen und stieß dann wie ein Speerwerfer den Schnabel durch meinen Mund tief in mich. Zurückfallend fühlte ich befreit wie er in meinem alle Tiefen füllenden, alle Ufer überfließenden Blut unrettbar ertrank.*

Der Erzähler und der Geier heben sich gegenseitig auf. Das Wesen jedes Strebens, jedes Unternehmens ist das Streben nach dessen Wegfall, der Geier ertrinkt im Blut des Zeugen. ›Ein Hungerkünstler‹ (1924) stirbt an dem Hunger, der ihn am Leben hält. Er hat das Hungern zur Kunst erhoben, wie der Titel sagt. Der Hunger erhält sich in ihm, und er erhält sich durch den Hunger, dem keine Nahrung entspricht. Kurz bevor er schließlich verhungert, erzählt er dem Aufseher im Zirkus, der ihn einst als Jahrmarktsattraktion engagiert hat, daß er nicht anders als hungern kann.[6] Der Aufseher fragt ihn: *»Warum kannst du denn nicht anders?«* *»Weil ich«,* erwidert der Hungerkünstler, *»nicht die Speise finden konnte, die mir schmeckt. Hätte ich sie gefunden, glaube mir, ich hätte kein Aufsehen gemacht und mich vollgegessen wie du und alle.«* Eigentlich fällt es ihm sehr leicht weiterzuhungern: *Er allein nämlich wußte, auch kein Eingeweihter sonst wußte das, wie leicht das Hungern war. Es war die leichteste Sache von der Welt.* Der Hungerkünstler stirbt an dem, was man ihm nicht abnimmt, und nur er empfindet, wie wenig ihm Hungern ausmacht. Das Empfinden wird nur vom Empfindenden empfunden, nichts geht darüber hinaus. Das Publikum sieht den Hungerkünstler im Käfig, sieht ihn, aber nicht sein Fasten, und noch weniger empfindet es, was er empfindet.

Das empfundene Streben, das Hungergefühl, existiert nur dank jemandem, von dem man nichts anderes weiß, als er zeigt oder als sich in ihm zeigt. Der Geier ertrinkt in seinem Verschlingen. Es gibt nichts, was etwas anderes wäre, als es ist: Musik ist Musik, welche auch immer, und Malerei Malerei. Der Hungerkünstler ist ein Hungerkünstler in dem Maße, in dem er sich als solcher erkennt. Aber als dieser ist er der Einzige, kein anderer, und wäre es auch ein Hungerkünstler, ist er. Das gibt Kafka uns zu *verstehen*. Und das Seltsame ist, daß wir es wissen, da es doch das ist, was die Sprache aussagt. Auch wenn etwas sich ausdehnt und an etwas anderes stößt, ist es selbst diese unüberschreitbare Grenze. Das sagt Kafkas Werk ebenso wie die Philosophie: Die Bewegung ist im Bewegen eingeschlossen, nur daß Kafka sagt, was die Philosophen bloß zu sagen versuchen: Die Philosophie ist die Kunst, sich ein Bein zu stellen.

Die Philosophie, und das ist das Problem, kann sich nur philosophisch ausdrücken, wie der Hungerkünstler nur in seinem Hunger überleben kann. Es ist die Sattheit, die auf dem Hunger lastet, wie die Nichtmalerei auf der Malerei, wie die Nichtphilosophie auf dem Philosophischen. Aber ein Gemälde ist nicht die Malerei und ein philosophischer Gedanke nicht die Philosophie. Die Erzählungen Kafkas *sparen* das, was stattfindet, auf äußerst präzise Weise aus dem aus, was nicht stattfindet.

Der Hungerkünstler ist der Einzige, der dieser eine Hungerkünstler ist, er ist in seiner unbeweisbaren Identität eingeschlossen, deren Wesen es ist, nicht formulierbar zu sein, und er ist in seinen Augen ohne Identität (ich bin mein Ichsein, das niemand anderer ist). Erst begeistert, dann gleichgültig, betrachtet ihn die Menge, die sich vor dem Käfig drängt, in dem er ausgestellt ist, sie sehen ihn, aber nicht sein Hungern. Er fühlt, sie sehen.

›Ein Hungerkünstler‹ ist übrigens eine der Erzählungen Kafkas mit den meisten Interpretationen aller Art, mindestens dreißig, übereinstimmenden oder einander widersprechenden, worauf Thorsten Oie in der Zeitschrift ›Merkur‹ (Nr. 668) hinweist. Anfang des letzten Jahrhunderts, zwischen 1904 und 1906, habe es mehrere Hungerkünstler gegeben, und Kafka habe anscheinend eine wahre Begebenheit erzählt. Das ändert nichts an der Geschichte, deren »Sinn« allein in ihrem Ablauf liegt; es gibt keinen anderen Sinn als diesen Ablauf, wie er da steht, er wird von der Frage nach ihm verschluckt; der Text verschluckt sich selbst, er stimmt einwandfrei mit sich selbst überein. Was Kafka erreicht, ist, geschehen zu lassen, daß das, was man liest, das ist, was man liest. Was Kafka schreibt, ist das, was die Lektüre *durchdringt.*

Durch den Körper des Lesers entsteht der »Sinn«, durch den Körper findet die Lektüre statt, und in ihm ist das Wissen situiert – die zugrundeliegende Distanz wird körperlich empfunden. Der Hund in ›Forschungen eines Hundes‹, der die Grundlegungen des Wissens erforschen will, stößt auch auf den Hunger und weiß am Ende nicht mehr, ob er sich von ihm unterscheidet: *Die schönen Bilder verflüch-*

tigten sich allmählich mit dem Ernster-werden des Hungers, es dauerte nicht lange und ich war, nach schneller Verabschiedung aller Phantasien und aller Rührung, völlig allein mit dem in den Eingeweiden brennenden Hunger. »Das ist der Hunger«, sagte ich mir damals unzähligemal, so als wollte ich mich glauben machen, Hunger und ich seien noch immer zweierlei und ich könnte ihn abschütteln wie einen lästigen Liebhaber, aber in Wirklichkeit waren wir höchst schmerzlich Eines und wenn ich mir erklärte: »Das ist der Hunger«, so war es eigentlich der Hunger der sprach und sich damit über mich lustig machte.

Der Hund und der Hungerkünstler könnten alle beide, wie sie selbst sagen, aufhören zu hungern, dazu müßten sie nur essen, ganz wie K. das Dorf verlassen könnte und Josef K. die leeren Ränge des Gerichts, aber sie tun es nicht, und so öffnet sich eine Leere. Erfüllt gibt es keine Leere mehr – das Begehren löst sich in seiner Befriedigung auf. Kafkas Figuren erkennen sich in ihrem Begehren, dessen Verwirklichung sie aufhebt. Was sie als körperliche Dauer empfinden, ist ihr »Denken«: *Es liegt im Wesen der Dauer und der Bewegung, wie sie unserem Bewußtsein erscheinen, daß sie unablässig im Begriffe sind sich zu bilden*, schreibt Bergson 1887 in *Zeit und Freiheit*. Das ist eben nicht das, was Kafka erklärt, sondern was er sagt und mit dem Empfinden des Lesers zusammenfallen läßt. Das Sagen verwandelt sich in Empfindung – und das ist vielleicht nichts anderes als das im Körper steckende Denken, das sich selbst übende Denken; es erkennt sich dann im Körper, wie der Hund zu seinen »Forschungen« anmerkt: *Das Hungern halte ich noch heute für das letzte und stärkste Mittel meiner Forschung.*

Es ist, als würde der Körper erfaßt, in einem Augenblick

der Selbstwahrnehmung (etwa im Leiden), daher vielleicht spielt die Strafe eine so große Rolle bei Kafka.

In *Denken und schöpferisches Werden* spricht Bergson vom *ununterbrochenen Summen des inneren Lebens. Und doch ist das die wahre Dauer.* Dem *lauscht* auch das Schreiben Kafkas, der in seinen *Betrachtungen* schreibt: *Das Unzerstörbare ist eines, jeder einzelne Mensch ist es und gleichzeitig ist es allen gemeinsam. Daher die beispiellos untrennbare Verbindung der Menschen.*

Es gibt keine mögliche Definition des menschlichen Wesens, es sei denn, daß es sich selbst nicht definieren kann: Ein menschliches Wesen zu sein ist ein menschliches Wesen zu sein. Das Allgemeinste ist unvermittelbar, weil es allen gemein ist. Vermittelbar wäre höchstens, was noch nicht allgemein ist und deshalb als vermittelbar erscheinen mag. Die Sprache kann nur Zusätzliches vermitteln. Ich bin der Einzige, der weiß, was ich von meinem Wissen, von mir weiß, und das kann ich nicht sagen, ich kann nur die Unmöglichkeit des Sagens sagen. Das ist es, was Kafka zum Besten gibt. Die unsinnige Hoffnung, die seine Figuren von enttäuschten Erwartungen zu verpaßten Gelegenheiten treibt, wird von der Unmöglichkeit, sich Gehör zu verschaffen, verstärkt und daher vom Leser umso besser verstanden. Die Grenzen lassen sich nicht überschreiten: *Zwei Aufgaben des Lebensanfangs: Deinen Kreis immer mehr einschränken und immer wieder nachprüfen ob Du Dich nicht irgendwo außerhalb Deines Kreises versteckt hältst,* schreibt Kafka am 1. Februar 1918 ins vierte Oktavheft. Und sollte er sich außerhalb finden, wäre er immer noch innerhalb des Kreises, dessen Mittelpunkt er ist; letztendlich geht es um das Wissen, ob du drinnen nicht draußen bist, das heißt, immer noch drinnen.

Ich muß in meinem Körper sein, um zu wissen, ob ich außerhalb bin, und das Problem ist, wenn man dahin geht, wird alles Anderswo zum Hier.

Dieses Gefühl: »hier ankere ich nicht« und gleich die wogende, tragende Flut um sich fühlen. Ein Umschwung. Lauernd, ängstlich, hoffend umschleicht die Antwort die Frage, sucht verzweifelt in ihrem unzugänglichen Gesicht, folgt ihr auf den sinnlosesten d. h. von der Antwort möglichst wegstrebenden Wegen, schreibt Kafka in den *Betrachtungen,* Nr. 76, als wäre das Denken sein eigenes *Empfinden.* Der Nichtzugang wird als etwas empfunden, das sich nicht auflöst, sondern als Abstand bestehen bleibt.

Man steht an der Wand schmerzhaft festgedrückt, senkt furchtsam den Blick, um die Hand zu sehn, die drückt und erkennt mit einem neuen Schmerz der den alten vergessen macht, die eigene verkrümmte Hand, die mit einer Kraft, die sie für gute Arbeit niemals hatte, dich hält. Man hebt den Kopf, fühlt wieder den ersten Schmerz, senkt wieder den Blick und hört mit diesem Auf und Ab nicht auf, notiert Kafka am 3. August 1914 in sein Tagebuch.

Der physische Schmerz hat einen Platz, er fühlt sich an, als ob das Sein sich darin festsetzte, er ist wiedererkennbar, man weiß, daß er es ist. Das Leiden dagegen ist das Nochnicht; leiden heißt in seinem Leiden überdauern.[7] Kommen Folter und Peitsche deshalb so oft bei Kafka vor? Man kennt eine solche Beschreibung von intimster Genauigkeit etwa aus dem fünften Kapitel des *Processes.* Auch in den Fragmenten taucht die Peitsche mehrmals auf: *Es waren die Peitschenherren beisammen, starke aber schlanke Herren, immer bereit, sie hießen Peitschenherren, aber sie hatten Ruten in den Händen, an der Rückwand des Prunksaales standen sie vor und zwischen den Spiegeln.* Sie ähneln dem *schlanken und doch festgebauten*

Wächter aus dem *Proceß*. Der sadomasochistische, fast erotische Beiklang, den diese Figuren enthalten, ist jedoch nur die physische Bestätigung eines Beharrens, das der Strafe innewohnt, unterstrichen noch von den Spiegeln, in denen der nackt mit der Rute Gezüchtigte sieht, wie er ausgepeitscht wird. So wird das Beharren in der Ausdauer durch die Rute bestätigt. Die Erfahrung zeigt eine Hartnäckigkeit am Werk, ein heimliches fast trotziges Festhalten am Leben, wie es ähnlich im achtunddreißigsten oder zweiundvierzigsten von Lautréamonts *Gesängen des Maldoror* zum Ausdruck kommt.

Im 5. Kapitel des *Processes* entdeckt Josef K. in einem Abstellraum seiner Bank die zwei Wächter, nackt, die vom Aufseher ausgepeitscht werden sollen,[8] weil Josef K. sich über sie beklagt hat, sie sind aber nur da, wenn Josef K. da ist, ihre Gegenwart ist die Josef K. s, sie erscheinen erst mit ihm. Als er einmal später als gewöhnlich sein Büro verläßt, *hörte er hinter einer Tür, hinter der er immer nur eine Rumpelkammer vermutet hatte, ohne sie jemals selbst gesehen zu haben, Seufzer ausstoßen. Er blieb erstaunt stehn und horchte noch einmal auf um festzustellen ob er sich nicht irrte, – es wurde ein Weilchen still, dann waren es aber doch wieder Seufzer. […] Es war, wie er richtig vermutet hatte, eine Rumpelkammer. […] In der Kammer selbst aber standen drei Männer, gebückt in dem niedrigen Raum.*
Es sind der Aufseher und die beiden Wächter, die sich ganz ausziehen müssen, um ausgespeitscht zu werden, der Aufseher beginnt Franz zu schlagen, der schreit und mit seinem Schreien die Diener alarmiert, doch K. schlägt die Tür zur Abstellkammer zu und schickt die Diener ans Ende des

Ganges. Am nächsten Abend, *als er auf dem Nachhauseweg wieder an der Rumpelkammer vorüberkam, öffnete er sie wie aus Gewohnheit. Vor dem, was er statt des erwarteten Dunkels erblickte, wußte er sich nicht zu fassen. Alles war unverändert, so wie er es am Abend vorher beim Öffnen der Tür gefunden hatte. Die Drucksorten und Tintenflaschen gleich hinter der Schwelle, der Prügler mit der Rute, die noch vollständig angezogenen Wächter.*

Eine buchstäblich erschreckende Szene, die, wiederholen wir es, nicht zufällig im Zentrum des Buches steht, dessen Wesen sie bedeutet. Sie allein stellt schon den Prozeß dar, auf den K. überall stößt, wo er sich auch befindet, den Prozeß, der nicht von ihm losgelöst werden kann und den Kern der Gefühle und Obsessionen bildet, wo Schuld sich in Strafe umkehrt und Strafe in Schuld begehrt und gestanden wird in der Verwirrung entblößter Körper.

Es gibt, was es gibt, nur in Gegenwart von K., außerhalb der Zeit, Prügler und Wächter befinden sich in ihrer Position, wenn K. anwesend ist, in K.s Zeit, in seiner eigenen Kontinuität, in der sich alles nach ihm einrichtet, und es gibt *seine* Zeit nur in *seiner* Zeit. Die Szene spielt nicht in einer anderen Zeit. Nichts wird über das berichtet, was sich zwischen diesen beiden Momenten abspielt, vielleicht weil es kein *Dazwischen*, keine *andere* Zeit gibt. K. findet sich im obszönen Gegenüber mit seiner Schuld.

An- und Abwesenheit treiben K. in die Enge, was Josef K. (im *Proceß*) im Abstellraum sieht, übersieht K. (im *Schloß*) im Herrenhof.

Im 8. Kapitel geht K. zum Herrenhof, um endlich Klamm zu treffen, den Beamten, von dem, wie er meint, sein Zugang zu seiner Arbeit als Landvermesser abhängt, für die er vom Schloß verpflichtet wurde. Klamm soll in einem Schlitten zum Schloß zurückgefahren werden. K. steht in einer Ecke des Hofes, ißt von dem Proviant, den seine Freundin Frieda ihm mitgegeben hat, und nähert sich dann dem mit zwei Pferden bespannten Schlitten. Der Kutscher sitzt, zum Aufbruch bereit, auf dem Bock und sagt: *»Das kann noch sehr lange dauern.«* [...] *»Was kann denn lange dauern?« fragte K.* [...] *»Ehe Sie weggehn werden«,* erwidert der Kutscher.

Der Kutscher stellt K.s Anwesenheit fest, sonst nichts. Er bietet K. sogar einen Cognac an, der in einer Seitentasche an der Schlittentür steckt. K. nimmt einen Schluck, da geht das elektrische Licht im Hof an. Ein anderer Beamter, den er schon bei seiner Ankunft am Fenster gesehen hat, erscheint und fordert ihn auf, mitzukommen. *»Aber ich verfehle dann den auf den ich warte«,* wendet K. ein. *»Sie verfehlen ihn auf jeden Fall ob Sie warten oder gehn«, sagte der Herr zwar schroff in seiner Meinung aber auffallend nachgiebig für K.'s Gedankengang. »Dann will ich ihn lieber beim Warten verfehlen«, sagte K. trotzig.*

Der Beamte läßt nun einfach die Pferde ausspannen. Niemand zwingt K. zu gehen, bloß Klamm kommt nicht: K.s Anwesenheit fällt mit dem Nichterscheinen von Klamm zusammen, es wird nicht gesagt, daß sie dessen Kommen verhindert. Nur alles weicht vor K. zurück. Er kommt nicht zum Zug, bekommt keine ergänzenden Hinweise und kriegt nichts von dem zu fassen, was ihn betrifft. K. ist da, Klamm kommt nicht. Es gibt da kein »Weil«, eine Beziehung zwischen der Anwesenheit K.s und der Abwesenheit Klamms ist nicht auszumachen: Da ist nur die Anwesenheit des einen und die Abwesenheit des anderen. *Da schien es K., [...] er habe sich diese Freiheit erkämpft wie kaum ein anderer es könnte und niemand dürfe ihn anrühren oder vertreiben, ja kaum ansprechen, aber – diese Überzeugung war zumindest ebenso stark – als gäbe es gleichzeitig nichts Sinnloseres, nichts Verzweifelteres als diese Freiheit, dieses Warten, diese Unverletzlichkeit.* Mit diesen Worten endet das 8. Kapitel.

IV

Reise ohne Wiederkehr

Nichts gehört zur Ordnung des Warum. Nichts, das von außen kommt, ist anzufügen; einmal angesprochen, befindet sich das äußere Element im Kreis des Selbst. Wenn ich weiß – und das ist das *empfundene* Wissen bei der Kafkalektüre –, daß eine Sache von außen kommt, wird sie allein durch das Wissen darum in den Kreis des Selbst integriert.[9] Im *Proceß* und im *Schloß* entdecken der Prokurist K. und der Landvermesser K. nichts, was nicht schon ist. Allein die Tatsache, daß sie es im Feld des ihnen Möglichen entdecken – die Abwesenheit Klamms im *Schloß*, die Anwesenheit der Rumpelkammer mitsamt Wächtern und Prügler im *Proceß* – provoziert die Annullierung des Möglichen durch das Wirkliche. Das Wirkliche ist nur der aktuelle Zustand des Möglichen, aber es ist das einzig Wirkliche in der Unendlichkeit des Möglichen.

Möglicherweise stört K. die Schloßverwaltung erheblich, weil Klamm nicht weg kann, solange K. da ist, aber genauso wie K. keinen Zugriff auf das Schloß hat, hat das Schloß auch keinen Zugriff auf ihn – dasselbe gilt für Josef K. im *Proceß*: Das Gericht muß ihn loswerden. Alles ist auf dem

Mangel errichtet. Im achtzehnten Kapitel des *Schlosses*, kurz nach der verfehlten Begegnung mit Klamm, schlägt man K., nicht wissend, was man mit ihm machen soll, mehr oder weniger vor, in den Fluren des Herrenhofs einen gewissen Erlanger zu treffen, der in seiner Sache angeblich etwas zu sagen hat. Doch K. irrt sich vor Müdigkeit in der Tür und betritt das Zimmer eines anderen Beamten namens Bürgel, der sich für seinen Fall interessiert, ihm sehr genau auseinandersetzt, wie es darum steht, und ihm anbietet, seine Probleme zu lösen; die Verwaltung versuche nämlich, jeden Fremden abzuwehren und zu entmutigen. Die Hindernisse seien dazu bestimmt, unüberwindlich zu erscheinen, es gebe jedoch Gelegenheiten, deren Wesen es allerdings sei, angeboten, jedoch nie ergriffen zu werden: *»Es ergeben sich dann doch wieder manchmal Gelegenheiten, die mit der Gesamtlage fast nicht übereinstimmen, Gelegenheiten bei welchen durch ein Wort, durch einen Blick, durch ein Zeichen des Vertrauens mehr erreicht werden kann, als durch lebenslange, auszehrende Bemühungen. Gewiß, so ist es. Freilich stimmen dann diese Gelegenheiten doch wieder insofern mit der Gesamtlage überein, als sie niemals ausgenützt werden«*, erläutert Bürgel. Die Gelegenheit tritt nur als verpaßte ein; alles ist ganz nah, zugänglich, aber unerreichbar. *Meistens wohnt der den man sucht nebenan. […] Das kommt daher daß man von diesem gesuchten Nachbar nicht weiß. Man weiß nämlich weder daß man ihn sucht, noch daß er daneben wohnt, dann aber wohnt er ganz gewiß daneben,* schreibt Kafka am 2. August 1917 in sein Tagebuch.

Das eben ist der Inhalt dessen, was Kafka schreibt: die Unwiderruflichkeit des Zufälligen. Die gebotene Gelegenheit ist immer die, die man nicht sieht: *»Die Partei zwingt uns* *in der Nacht wie der Räuber im Wald Opfer ab, deren wir sonst niemals fähig wären«,* erklärt Bürgel K., der schon halb am Fußende des Bettes liegt und just in dem Moment einschläft, wo sich ihm die so ersehnte Gelegenheit bietet.

Alles befindet sich in einem grundsätzlichen Mißverhältnis, K. erscheint dem Leser wie eine Auskragung über der Leere des Nichtendenwollens. Es gibt einen anderen möglichen Ausweg, der aber nicht existiert. Alles kann jeden Moment anders ablaufen, doch nichts läuft anders ab, als es abläuft. *»Die Leibeskräfte reichen nur bis zu einer gewissen Grenze, wer kann dafür, daß gerade diese Grenze auch sonst bedeutungsvoll ist. Nein, dafür kann niemand. So korrigiert sich selbst die Welt in ihrem Lauf und behält das Gleichgewicht«,* sagt Bürgel zu dem nun tief schlafenden K. und fährt leiser fort: *»Hier ist ja alles voll Gelegenheiten. Nur gibt es freilich Gelegenheiten, die gewissermaßen zu groß sind, um benützt zu werden; es gibt Dinge, die an nichts anderem als an sich selbst scheitern.«*

Jeder ist das, was er verfehlt, alles besteht aus dem Ungeschehenen: Aus der verpaßten Gelegenheit erwächst die individuelle Existenz. Die Gelegenheiten scheinen nur dann verpaßt, wenn sie nicht verpaßt sind. Sie erscheinen nicht als wahre Gelegenheiten, sondern gehen im normalen Gang der Dinge unter. Doch Kafkas Figuren bilden gerade das Hindernis für diesen Lauf der Dinge, sie stehen im Weg und stören. So verhindert K.s Anwesenheit in den Fluren des Herrenhofs nach seiner Begegnung mit Bürgel die morgendliche Verteilung der Akten. Am nächsten Morgen wirft ihm der Wirt seine Anwesenheit vor: *Habe er denn nicht bemerkt unter welchen Schwierigkeiten die Aktenverteilung vor sich gegangen sei, etwas an sich Unbegreifliches [...] Und sei denn K.*

wirklich auch nicht von der Ferne die Ahnung aufgetaucht, daß die
Hauptsache aller Schwierigkeiten die sei, daß die Verteilung bei fast
verschlossenen Türen durchgeführt werden müsse, ohne die Mög-
lichkeit unmittelbaren Verkehres zwischen den Herren.

K.s wegen sind nicht alle Türen geschlossen, seine bloße
Anwesenheit ist ein Hindernis. Überall, wo er ist, verändert
sich das Gewohnte, die Dinge sind nie, was sie außerhalb
seiner Anwesenheit sind. Die Wirtin findet deutliche Worte: *Dinge, die man sonst nicht auszusprechen wage, müsse man*
ihm offen sagen, denn sonst verstehe er das Allernotwendigste nicht.
Nun also, da es gesagt werden müsse: seinetwegen, nur und aus-
schließlich seinetwegen haben die Herren aus ihren Zimmern nicht
hervorkommen können, da sie am Morgen kurz nach dem Schlaf
zu schamhaft, zu verletzlich sind, um sich fremden Blicken aus-
setzen zu können, sie fühlen sich förmlich, mögen sie auch noch so
vollständig angezogen sein, zu sehr entblößt, um sich zu zeigen.
K. stellt nichts an, tut nichts, ist nur da. K. ist gleichzeitig
mit dem, was ihn umgibt, es gibt ihn nicht ohne jenes, und
es ist gewissermaßen das *mit*, das im Zentrum des Schreibens
steht, oder, um es anders zu sagen: Es gibt kein *Ohne.* Überall, wo K. ist, ist das Wo gleichzeitig da; es gibt nicht das
eine ohne das andere. Anders gesagt, es gibt kein An-sich;
nie wird K. das Schloß oder das Dorf so sehen, wie sie sind,
wenn er nicht da ist, nie wird Josef K. das Gericht sehen,
ohne daß er dort wäre, er, Josef K. Er ist seine Schuld, er hat
keinen Fehler gemacht, er ist der Fehler, der Fehler dazu-
sein. Was übrigens keineswegs die Gegenwart des Bösen
impliziert, eine metaphysische Frage, die sich bei Kafka nie
als solche stellt. Der Fehler ist die Existenz, die der Situation
unangemessen ist und sich in einem unpassenden Moment

manifestiert. Das Nochnicht ist ein zu frühes, sich selbst zuvorkommendes Zuspät. Das Vorhandene, die Figur Kafkas, führt dazu, daß es eine Gelegenheit gibt und diese immer nur ihre eigene ist. Nicht ergriffen und ungenutzt per Definition, ist sie bloß eine im Ablauf der Dinge mögliche punktuelle Störung.

Niemand entgeht sich selbst, man schleppt sich überallhin mit, doch was der Kommentar bloß affirmativ und banal behauptet, stellt Kafka dar, er setzt es in Szene und macht es sichtbar. Das Besondere seines Schreibens besteht in der darstellerischen Genauigkeit der Inszenierung, die der Ausdruck selbst ist und alles dazu zu Sagende absorbiert. Der Kommentar wird ständig vom Text überholt, genauso wie eine Folge von Zufällen, Gelegenheiten, falschen Schritten und Zwischenfällen nachträglich eine Kette von absolut strenger Notwendigkeit ergibt, deren Ausgang (die Hinrichtung) unvermeidlich ist.

Entlang dieser Anhäufung von Zufällen entscheidet jeder in jedem Moment genauso, wie er sich entscheidet. Die Entscheidung kann keine andere sein, weil es eben jene ist, die getroffen wird. Was geschieht, geschieht niemals anders, weil eben dies geschieht. K. ist von seinem Weg, der nur seiner sein kann, besessen – wie der Erzähler in ›Ein Traum‹, einer Geschichte wie im Zeitraffer, die ganz zitiert werden soll.[10]

Josef K. träumte:

Es war ein schöner Tag und K. wollte spazieren gehen. Kaum aber hatte er zwei Schritte gemacht, war er schon auf dem Friedhof. Es waren dort sehr künstliche, unpraktisch gewundene Wege, aber er glitt über einen solchen Weg wie auf einem reißenden Wasser in unerschütterlich schwebender Haltung. Schon von der Ferne faßte er einen frisch aufgeworfenen Grabhügel ins Auge, bei dem er Halt machen wollte. Dieser Grabhügel übte fast eine Verlockung auf ihn aus und er glaubte, gar nicht eilig genug hinkommen zu können. Manchmal aber sah er den Grabhügel kaum, er wurde ihm verdeckt durch Fahnen, deren Tücher sich wanden und mit großer Kraft aneinanderschlugen; man sah die Fahnenträger nicht, aber es war, als herrsche dort viel Jubel.

Während er den Blick noch in die Ferne gerichtet hatte, sah er plötzlich den gleichen Grabhügel neben sich am Weg, ja fast schon hinter sich. Er sprang eilig ins Gras. Da der Weg unter seinem abspringenden Fuß weiter raste, schwankte er und fiel gerade vor dem Grabhügel ins Knie. Zwei Männer standen hinter dem Grab und hielten zwischen sich einen Grabstein in der Luft; kaum war K. erschienen, stießen sie den Stein in die Erde und er stand wie festgemauert. Sofort trat aus einem Gebüsch ein dritter Mann hervor, den K. gleich als einen Künstler erkannte. Er war nur mit Hosen und einem schlecht zugeknöpften Hemd bekleidet; auf dem Kopf hatte er eine Samtkappe; in der Hand hielt er einen gewöhnlichen Bleistift, mit dem er schon beim Näherkommen Figuren in der Luft beschrieb.

Mit diesem Bleistift setzte er nun oben auf dem Stein an; der Stein war sehr hoch, er mußte sich gar nicht bücken, wohl aber mußte er sich vorbeugen, denn der Grabhügel, auf den er nicht treten wollte, trennte ihn von dem Stein. Er stand also auf den Fußspitzen und stützte sich mit der linken Hand auf die Fläche des Steines. Durch eine besonders geschickte Hantierung gelang es ihm, mit dem gewöhnlichen Bleistift Goldbuchstaben zu erzielen; er schrieb: »Hier ruht – « Jeder Buchstabe erschien rein und schön, tief geritzt und in vollkommenem Gold. Als er die zwei Worte geschrieben

hatte, sah er nach K. zurück; K., der sehr begierig auf das Fort-
schreiten der Inschrift war, kümmerte sich kaum um den Mann,
sondern blickte nur auf den Stein. Tatsächlich setzte der Mann
wieder zum Weiterschreiben an, aber er konnte nicht, es bestand
irgendein Hindernis, er ließ den Bleistift sinken und drehte sich
wieder nach K. um. Nun sah auch K. den Künstler an und merkte,
daß dieser in großer Verlegenheit war, aber die Ursache dessen nicht
sagen konnte. Alle seine frühere Lebhaftigkeit war verschwunden.
Auch K. geriet dadurch in Verlegenheit; sie wechselten hilflose Blik-
ke; es lag ein häßliches Mißverständnis vor, das keiner auflösen
konnte. Zur Unzeit begann nun auch eine kleine Glocke von der
Grabkapelle zu läuten, aber der Künstler fuchtelte mit der erhobe-
nen Hand und sie hörte auf. Nach einem Weilchen begann sie wie-
der; diesmal ganz leise und, ohne besondere Aufforderung, gleich
abbrechend; es war, als wolle sie nur ihren Klang prüfen. K. war
untröstlich über die Lage des Künstlers, er begann zu weinen und
schluchzte lange in die vorgehaltenen Hände. Der Künstler wartete,
bis K. sich beruhigt hatte, und entschloß sich dann, da er keinen
andern Ausweg fand, dennoch zum Weiterschreiben. Der erste
kleine Strich, den er machte, war für K. eine Erlösung, der Künstler
brachte ihn aber offenbar nur mit dem äußersten Widerstreben
zustande; die Schrift war auch nicht mehr so schön, vor allem schien
es an Gold zu fehlen, blaß und unsicher zog sich der Strich hin, nur
sehr groß wurde der Buchstabe. Es war ein J, fast war es schon be-
endet, da stampfte der Künstler wütend mit einem Fuß in den
Grabhügel hinein, die Erde ringsum in die Höhe flog. Endlich ver-
stand ihn K.; ihn abzubitten war keine Zeit mehr; mit allen Fin-
gern grub er in die Erde, die fast keinen Widerstand leistete; alles
schien vorbereitet; nur zum Schein war eine dünne Erdkruste auf-
gerichtet; gleich hinter ihr öffnete sich mit abschüssigen Wänden ein

großes Loch, in das K., von einer sanften Strömung auf den Rücken gedreht, versank. Während er aber unten, den Kopf im Genick noch aufgerichtet, schon von der undurchdringlichen Tiefe aufgenommen wurde, jagte oben sein Name mit mächtigen Zieraten über den Stein. Entzückt von diesem Anblick erwachte er.

Die Äußerung hebt das Geäußerte auf, wie das Warten aus dem besteht, was es verlängert, und nicht aus dem Erreichten. K., diese zentrale Figur Kafkas, ist, als Ganzes betrachtet, nicht allzu weit entfernt von dem Jüngling von früher, der seiner Strafe entgegengeht und selbst sorgfältig die Haselzweige oder Birkenruten vorbereiten muß, mit denen er ausgepeitscht wird, vor aller Augen, im Hemd – vor kaum mehr als sechzig Jahren eine gängige Praxis in den Internaten Frankreichs und überall sonst. Er wird, wie K., exponiert wie er ist, man sieht, wie er sich nach vorn beugt, tobt, weint, immer in der Position, in der er sich am besten den Schlägen darbietet, man wird ihn flehen hören und alles von ihm erfahren, genauso wie man im fünften Kapitel des *Processes* alles von den Wächtern erfährt und wie man alles von K. weiß. Nichts wird unbekannt bleiben von seiner Gestalt, von seiner weißen Haut, von seiner Art zu leiden und um Gnade zu betteln, alles zu versprechen und nichts zu halten. Alles hängt von Anfang an von ihm ab. Er kann die Ruten nach seinem Geschmack wählen und pflücken, den schicksalhaften Ausgang von Sekunde zu Sekunde verzögern oder beschleunigen; durch alles, was er tut, geht er frei auf die Begegnung mit sich selbst zu. Je nachdem, ob man zufrieden ist mit den Ruten, die er bringt, wird man ihn ein paarmal zurückschicken, um neue zu holen, und die Zahl der Schläge entsprechend erhöhen. Er ist Herr seines Leidens. Als Bestrafter verfügt er ganz und gar über sich selbst, denn jeder Bestrafte ist immer schuld an der Bestrafung, die ihm auferlegt wird, er ist ihr Werkzeug und ihr Ziel. Der Raum, in dem er bestraft werden wird, der Weg dorthin, die Entfernung und die Zeit, die ihn davon trennen – alles ist ihm unterworfen. Er ist Herr über die Instrumente seiner Bestrafung, ihrer beißenden Biegsamkeit, die roten Doppelstriemen, die ihn drei Tage lang zeichnen werden. Sein Hecheln bleibt sich immer gleich, wie in Kafkas Tagebuch am 21. Juli 1913: *Durch das Parterrefenster eines Hauses an einem um den Hals gelegten Strick hineingezogen und ohne Rücksicht, wie von einem der nicht achtgibt, blutend und zerfetzt durch alle Zimmerdecken, Möbel, Mauern und Dachböden hinaufgerissen werden, bis oben auf dem Dach die leere Schlinge erscheint, die auch meine Reste erst beim Durchbrechen der Dachziegel verloren hat.*

Hochgerissen und zerfetzt, um kurz vor der Ankunft nicht mehr zu sein als ein blutiger Rest – denn es gibt keine Ankunft, was auch immer der mögliche Weg sei. Am Ende stehen Hinrichtung oder Tod, davor das Warten auf die Strafe. Ein paar Zeilen später im Tagebuch: *Dieser Flaschenzug im Innern. Ein Häkchen rückt vorwärts, irgendwo im Verborgenen, man weiß es kaum im ersten Augenblick, und schon ist der ganze Apparat in Bewegung. Einer unfaßbaren Macht unterworfen, so wie die Uhr der Zeit unterworfen scheint, knackt es hier und dort und alle Ketten rasseln eine nach der andern ihr vorgeschriebenes Stück herab.* K. und der Leser sind nicht mehr als das *vorgeschriebene Stück* (»Stück« war auch die Bezeichnung der SS für die Deportierten), reduziert auf grenzenloses Erleiden bei vollkommener körperlicher Unterwerfung und gleichzeitig auf dem Gipfel des Bewußtseins in der triumphalen Unzähmbarkeit des ungreifbaren, jeder Kategorie äußerer Macht unzugänglichen Selbstseins: Ihr kriegt mich nicht klein!

Alles in den Erzählungen Kafkas scheint darauf angelegt, durch eine Darstellung zu diesem Punkt des existentiellen Bewußtseins zu gelangen, wo keine Ausflucht mehr möglich ist, wo das »Selbst« namenlos ist und zugleich auf dem Höhepunkt seiner selbst – jenseits oder diesseits jeder Benennung. Kafkas Figuren sind nur stummes *Erdulden*, sie sind das passive Zentrum einer extremen Intensität, die sich durch körperliches Leiden und Lust gleichermaßen, wenn nicht durch deren Vermischung beweist.

Auch »Die Brücke«, die sich mit Zähnen und Zehen über einem Abgrund festhält, ist nichts als Warten: *So lag ich und wartete; ich mußte warten; ohne abzustürzen kann keine einmal errichtete Brücke aufhören Brücke zu sein. Das ist die Aufgabe der Brücke: so über den Abgrund gedehnt zu warten.* Schon der erste Passant bringt sie zum Absturz, indem er sie erst mit der Spitze seines Stocks betastet und dann mit beiden Beinen mittendrauf springt. *Ich erschauerte in wildem Schmerz* […] *Und ich drehte mich um, ihn zu sehn. Brücke dreht sich um! Ich war noch nicht umgedreht, da stürzte ich schon, ich stürzte und schon war ich zerrissen und aufgespießt von den zugespitzten Kieseln, die mich so friedlich immer angestarrt hatten aus dem rasenden Wasser.* So vollziehen sich Offenbarung und Zerstörung: durch den physischen Schmerz.

Dauer gibt es nur im Warten, die Brücke zerbricht unter der Überschreitung. Und mit dem Ende geht es los: *Erst nach seinem Zusammenbrechen kann das Denken auftreten, und zwar aus folgendem Grund: Es ist die Spur – oder vielmehr der Eindruck – davon, daß es nie etwas Ernsthafteres auf der Welt zu*

tun gibt, als ständig Abgründe zu überschreiten, *oder, sagen wir,
öfter noch Hiatus. Hic jacet hiatus,* schreibt Patrice Loraux in *Le
Tempo de la pensée.* Genau das zeigt sich auch ›In der Strafkolonie‹: Das eine ist nie das andere; zu foltern und gefoltert
zu werden sind absolut unvereinbar, das eine weiß nichts
vom anderen, und der Akt der Auferlegung ist nur das Zeichen der Ohnmacht, der andere zu sein.

Durch nichts ist zu erreichen, daß innen außen ist, und
das Leiden ist niemals der, der es auferlegt: Das vollkommen
Banale ist das vollkommen Unvermittelbare, weil von allen
empfunden. Deshalb nimmt ›In der Strafkolonie‹ der Offizier den Platz des Verurteilten ein, dessen Urteil *»Ehre deine
Vorgesetzten«* gelautet hätte, damit die Egge *›Sei gerecht‹* in
seinen nackten Körper ritzt. Doch statt wie vorgesehen das
Urteil langsam einzugraben, zwölf Stunden lang unter endlosen, unerträglichen Qualen, durchbohrt die Egge den Offizier mit allen Zähnen und spießt ihn am Ende auf.

Das Gesetz ist tatsächlich das Urteil. Der Verurteilte ist
nackt, einer der Soldaten schneidet ihm die Kleider vom
Leibe, die rund um ihn verstreut werden, der Gehorsam des
Verurteilten ist vollkommen. Die Anwesenheit des Reisenden verfälscht den ganzen Ablauf, wie die Anwesenheit K.s
im *Schloß* die morgendliche Verteilung der Akten behindert.
So nimmt, wie gesagt, der nackte Offizier den Platz des Verurteilten ein, und die Folter hebt sich in ihrer mißlungenen
Ausführung auf.

Ich bin nur das, was mich hemmt, ich bin mein eigenes
Hindernis, die *Organ-Hürde,* wie ein Philosoph[11] sagt, als
wäre Leben die ständige Furcht vor einem Mangel des *Empfindens,* das allein die Lust unter dem Zeichen des Gesetzes

zu befriedigen scheint, das heißt, das Leiden des Körpers. Leiden gibt Zeugnis, wenn Lust verboten ist. Kafka ist da, wo die Sprache anhebt und abbricht – da, wo der Ort des Sprechens ist und das Wissen des Körpers. Es ist, als öffnete die Einschreibung des Befehls in den Körper den Blick auf das *Empfinden* dieses Körpers, als wäre das sadistische Vorgehen eine Art vergeblicher Versuch, die Seite zu wechseln und zu fühlen, was der Leidende fühlt.

Deshalb ist das sadistische Vorgehen notwendig expansiv, weil es immer engere Kreise um den Leidenden zieht, ohne ihn je zu erreichen. Der Vollstrecker ist nie im Besitz des Opfers, denn das Opfer ist auf nichts reduzierbar, was es nicht ist: *Die Macht des Henkers kann keine andere als die des Menschen sein: die Macht des Mordes. Er kann einen Menschen töten, ihn aber nicht zu einem anderen machen,* schreibt Robert Antelme in *Das Menschengeschlecht.* K. ist dieses unreduzierbare Hindernis für die Entfaltung der Normalität, seine bloße Anwesenheit stört. Kafkas Figuren sind unüberwindliche Grenzen nach beiden Seiten, der Rand zu dem, was sie nicht sind, deshalb will der Offizier den Richtspruch in die Haut des Verurteilten einschreiben. Die Nadeln sind aus Glas, damit alles so sichtbar sei wie die Schuld, denn der Verurteilte ist die Verfehlung. *Die Schuld ist immer zweifellos,* erklärt der Offizier dem Reisenden. Die Anklage macht den Schuldigen, dabei ist es unwichtig, ob er unschuldig ist oder nicht. Die Sünde ist vom Sünder untrennbar. Es gibt keine Schuld ohne Schuldigen. Nicht die Schuld wird bestraft, sondern der Schuldige. Der Verurteilte ›In der Strafkolonie‹ kennt das Urteil nicht: *Es wäre nutzlos, es ihm zu verkünden. Er erfährt es ja auf seinem Leib.*

Urteil und Schuld vermischen sich. Aber es ist, als würde die Nacktheit die Schuld aufheben. Der Verurteilte wird zur Vollstreckung entblößt, wie auch der Offizier sich zur Demonstration nackt unter die Maschine legt, die das Urteil ausführt, und sich so gleichsam selbst tötet. So sinkt K. in ›Ein Traum‹ in dem Moment in sein Grab, als die *mächtigen Zierate* seines Namens vollendet sind, so ertrinkt der Geier im Blut des Menschen, den er verschlingt, und so tut Josef K. nichts, um seiner Hinrichtung zu entgehen.

Die Strafe gehört zum Ungestehbaren, der Bestrafte wird auf Anhieb als solcher erkannt und benannt, der Blick der Zeugen späht sein *Empfinden* aus – der Bestrafte ist der, der sein Wahrzeichen vor sich herträgt. Die Strafe hat nur den Sinn, den Bestraften in seinem bestraften Körper auszustellen. Er macht wohl die Schuld sichtbar, aber sie läßt sich nicht aus ihm extrahieren. Nicht umsonst wurden Übeltäter früher im Hemd, mit einem Eselshut auf dem Kopf und einer Rute in der Hand in die Ecke gestellt. Die Strafe zielt auf den Körper und macht daraus die äußerste Verzerrung. Die Strafe ist der Schuld zugleich immanent und ihr fremd, Vollziehen und Erleiden sind grundsätzlich verschiedene Dinge und dennoch untrennbar miteinander verbunden.

Daher vielleicht der Reiz von Folter und körperlicher Züchtigung im gesamten Werk Kafkas. Wie er in einem Brief vom September 1920 an Milena schreibt: *Damit Du etwas von meinen »Beschäftigungen« siehst, lege ich eine Zeichnung bei. Es sind 4 Pfähle, durch die zwei mittleren werden Stangen geschoben an denen die Hände des »Delinquenten« befestigt werden; durch die zwei äußern schiebt man Stangen für die Füße. Ist der Mann so befestigt, werden die Stangen langsam weiter hin-*

ausgeschoben, bis der Mann in der Mitte zerreißt. An der Säule lehnt der Erfinder und tut mit übereinandergeschlagenen Armen und Beinen sehr groß, so als ob das Ganze eine Originalerfindung wäre, während er es doch nur dem Fleischhauer abgeschaut hat, der das ausgeweidete Schwein vor seinem Laden ausspannt. Und im November 1920: *Ja, das Foltern ist mir äußerst wichtig, ich beschäftige mich mit nichts anderem als mit Gefoltert-werden und Foltern. Warum? Aus einem ähnlichen Grund wie Perkins und ähnlich unüberlegt, mechanisch und traditionsgemäß; nämlich um aus dem verdammten Mund das verdammte Wort zu erfahren. Die Dummheit die darin liegt (Erkenntnis der Dummheit hilft nichts) habe ich einmal so ausgedrückt:* »*Das Tier entwindet dem Herrn die Peitsche und peitscht sich selbst, um Herr zu werden, und weiß nicht, daß das nur eine Phantasie ist, erzeugt durch einen neuen Knoten im Peitschenriemen des Herrn.*«

Anscheinend ist Leben für Kafka keine Selbstverständlichkeit; aufgrund seiner Herkunft weiß er, daß er nur Aufschub hat, jedem ausgeliefert ist, der über ihn verfügen oder ihn haben möchte, allen Gefahren ausgesetzt und *vogelfrei*, wie das Deutsche sagt, das heißt, außerhalb des Gesetzes und leicht abzuschießen. Qua Geburt gehört Kafka zu den *Tötbaren*, sein Leben ist jederzeit widerruflich. Von da an ist Leben eine Art Herausforderung.

Dieses Beharren – weniger auf dem Leben als auf dem Durchhalten – wird in der kurzen Erzählung ›Vor dem Gesetz‹[12] im Dom-Kapitel des *Processes* dargestellt, um die der ganze Roman aufgebaut ist, wobei es sich natürlich keineswegs um einen mehr oder weniger biologisierenden Vitalismus handelt, sondern schlicht um das Leben als etwas, das auf nichts zurückführbar ist als auf sich selbst. Ein Mann vom Lande kommt ans Tor des Gesetzes und bleibt davor stehen, bis es im Moment seines Todes vom Türhüter verschlossen wird – es war nämlich nur für ihn bestimmt: Das *ist* das Tor des Gesetzes: daß man nicht durchkommt. Nichts geht je über das Gesagte hinaus.

Kafka erreicht die vollkommene Gleichung zwischen dem Sagen und dem Gesagten, wie Emmanuel Lévinas[13] schreibt, zwischen den Text und das, was er erzählt, paßt nicht einmal ein Zigarettenpapier.[14] Keine Lücke, nicht der winzigste Spalt, der Platz ließe für einen nichtformulierten »Inhalt«. Die Klarheit seiner Rede macht Kafka unverkennbar. Er schreibt ein leuchtendes, sich selbst adäquates, selbstverständliches Deutsch, das weder zaudert noch sich verzettelt.

Das *Ziel* des Textes ist exakt formuliert. In dieser Hinsicht ist Kafka wegen der unerbittlichen Präzision seiner Sprache eine Ausnahme in der deutschsprachigen Literatur, die sonst oft zu verschwommenen *Ausschweifungen* neigt.

Kafka hat einen Vorgänger, Karl Philipp Moritz (1756 – 1793), den Schöpfer des wunderbaren autobiographischen Romans *Anton Reiser*, über den Arno Schmidt sagte, es gebe keinen seinesgleichen auf Erden. Anton Reiser ist ein von seinen Eltern vernachlässigtes Kind, unglücklich, aber schwärmerisch, mal von diesem, mal von jenem aufgenommen und verköstigt, wenn auch nicht alle Tage, ein Junge, der sich für alles, was das Leben zu bieten hat, auch für das Wissen, begeistert, trotz der tagtäglichen Kränkungen, Erniedrigungen, ungerechtfertigten Beschuldigungen oder Mißdeutungen seines Tuns und Handelns durch die Erwachsenen oder ihn selbst. Obwohl er guten Willens ist, hakt es zwischen ihm und seinem Umfeld. Dennoch hält er an dem Wunsch, *seinen Geist zu schmücken*, wie Marcel Aymés Ochse[15] hartnäckig fest. Er läßt sich auf nichts zurückführen, was nicht er selbst ist, und täuscht sich nie über seine innere Kontinuität.

In diesem autobiographischen Roman herrscht dasselbe Bestreben nach Genauigkeit wie bei Kafka (auch wenn er auf den ersten Blick vielleicht ganz anders wirkt), der das Buch wohl nicht kannte – Ende des 19. Jahrhunderts war es der völligen Vergessenheit anheimgefallen, da es zu jener Epoche, in der sich der industrielle und utilitaristische Kapitalismus bildete, in absolutem Gegensatz stand.

Ganz wie die Figuren Kafkas gerät Anton Reiser ständig in Situationen, in denen er unfreiwillig am Rande steht oder unnütz ist; er bringt nichts zuwege, er wird gedemütigt oder scheitert, hält aber mit unveränderlicher Beständigkeit durch. Als ihm einmal vorgeworfen wird – *Er hatte keine Zeugen, und der Anschein sprach gegen ihn –,* einem Kind Kummer zugefügt zu haben, weil er den Weihnachtsbaum, den er eigentlich festhalten wollte, umgeworfen habe, heißt es: *Wenn Reiser nachher irgendwo zugegen war, wo man etwa eine Kleinigkeit suchte, von der man glaubte, daß sie weggenommen sei, so konnte er sich nicht enthalten, rot zu werden und in Verwirrung zu geraten, bloß weil er sich die Möglichkeit lebhaft dachte, daß man ihn, ohne es sich geradezu merken lassen zu wollen, für den Täter halten könnte.*

Das ist es, was Jean-Paul Sartre in *Wahrheit und Existenz* das *vorweggenommene In-sich-Sein* nennt: Ich bin nur widerlegte, auf sich zurückgefallene Vorwegnahme, ich, Anton Reiser, ich, Josef K. *Ich möchte ein solcher werden wie einmal ein anderer gewesen ist* – so definiert Peter Handke dieses unaufhörlich entkräftete Durchhalten in seinem *Kaspar*: Selbstwahrnehmung entsteht nur durch das Nichtzusammenfallen, das nichts anderes ist als diese Feststellung.

Georges Poulet[16] schreibt über einen Moralisten des 18. Jahrhunderts: *Der Punkt, auf den sich Chamfort zurückgeführt sieht, ist Chamfort*[17]. *In ihm überlebt nicht mehr als dieser Punkt, in dem ein Bewußtsein leuchtet ohne Tiefe und Ausdehnung, ohne Vergangenheit und Zukunft, vollkommen getrennt von all seinen Objekten, auf sein eigenes Brennen reduziert,* und er zitiert die Maxime: *Das Leben umarmen in seinem Entschwinden.* Georges Poulet ist hier Kafka sehr nah. In seiner Studie über Pascal notierte er: *Der Geist spürt immer, daß ihm seine eigene Aktivität vorauseilt.* Es ist dieses Vorauseilen, das Kafka in seinem Werk zu greifen versucht, ständig fortgetragen von dieser Bewegung, daher die Präzision des Zielens.

Je genauer und beschränkter, desto universeller. Das Außergewöhnliche bei Kafka ist, daß man zum Lesen keinen Bezug braucht, keine besonderen Informationen, nichts, was über die durchschnittliche Erfahrung eines gewöhnlichen Menschen hinausgeht. Nie übersteigt das Vokabular seiner Romane oder Erzählungen das eines zehn- oder zwölfjährigen Kindes. Schlägt man einen dieser Texte auf, liest man, was man liest, und sieht geschrieben, was geschrieben steht. Es gibt keine Hinterwelten oder stillschweigende Voraussetzungen. Es gibt keine »kafkasche Lektion« zu lernen. So wie sich das Blaue nicht vom Blauen oder das Grüne nicht vom Grünen ablösen läßt, kann man Kafkas Text nicht von Kafkas Text trennen.

Kafkas »Fabeln« sind nur, was sie erzählen, und nichts

– wenn nicht alles – geht über sie hinaus; der »Rest« ist Sache des Lesers, nicht mehr Kafkas, dessen Sache auch hier wieder der Wittgensteins sehr nahe ist, etwa in *Über Gewißheit* (§ 88): *Es kann z. B. sein, daß* unser ganzes Forschen *so eingestellt ist, daß dadurch gewisse Sätze, wenn sie je ausgesprochen werden, abseits allen Zweifels stehen. Sie liegen abseits von der Straße auf der sich das Forschen bewegt.*

Mit anderen Worten: Ich weiß, daß ich nichts weiß vom Baum hinter mir, doch das zu wissen heißt nur, es zu wissen: Der »Rest«, alles, was das von Kafka Geschriebene säumt, wiegt mit seiner ungeheuren, unerkennbaren Nähe umso schwerer, als das Geschriebene begrenzter, genauer ist. So kann Kafka sich *auf* der Straße bewegen, *auf der sich das Forschen bewegt,* weil er so unversehrt, unangesprochen, unverletzt von allem, was man dazu sagen kann, daraus hervorgeht. Kafka ist so unbeirrbar, daß seine Offenheit grenzenlos ist.

1910, ganz am Anfang seines Tagebuchs, notiert er: *Wenn sich die Verzweiflung so bestimmt gibt so an ihren Gegenstand gebunden ist, so zurückgehalten wie von einem Soldaten, der den Rückzug deckt und sich dafür zerreißen läßt, dann ist es nicht die richtige Verzweiflung. Die richtige Verzweiflung hat ihr Ziel gleich und immer überholt, (Bei diesem Beistrich zeigte es sich, daß nur der erste Satz richtig war). Das Formulierbare verschwindet in seiner Formulierung.* Sagen heißt Verfehlen, das ist der Grund des Sagens.

V

Im Stillstand

Von einem gewissen Punkt gibt es keine Rückkehr mehr. Dieser Punkt ist zu erreichen, heißt es in den *Betrachtungen über Sünde, Leid, Hoffnung und den wahren Weg.* An diesem Punkt setzt Kafkas Schreiben ein, jenseits des Kommas, es fängt beim Unumkehrbaren an, wenn es sich nicht mehr lohnt. Es beginnt genau da, wo das Schreiben ermattet, es ist das, was dem Fallenden zwischen dem Balkon im sechsten Stock und dem Erdboden passiert. Alles ist unumkehrbar, wenn es stattfindet: Der Rest des Lebens besteht darin, den Rest des Lebens auszuschöpfen.

In den Aphorismen der Reihe *Er* (1917–1919) macht Kafka durch ein kurzes Aufleuchten die ununterbrochene Erschütterung sichtbar, die sein Schreiben speist und immer wieder aufhebt. In seiner Manifestation hebt es sich selbst auf. *Er hat das Gefühl, daß er sich dadurch daß er lebt den Weg verstellt. Aus dieser Behinderung nimmt er dann wieder den Beweis dafür, daß er lebt.*

Eine Formulierung von fast mathematischer Strenge, die das ausspricht, was man am Schreiben Kafkas *sieht*: einen Luftrüssel, der sich entrollt und sich wieder einrollt, um sich von neuem entrollen zu können. ›*Weg-von-hier*‹, *das ist mein Ziel*, heißt es in der Erzählung ›Der Aufbruch‹.

Es gibt kein Ziel, nur einen Ursprung, von dem aus (nicht unbedingt dessentwegen) alles geschieht und schließlich ein so dichtes Gewebe bildet, daß der Ursprung zum Ziel wird: Der Zufall ist derart, daß es am Ende keinen mehr gibt; von einem unvorhergesehenen Ereignis zum nächsten ergibt sich eine Art Kontinuität des Zufalls: Es ist nicht anders gewesen, als es war; es wurde kein anderer Weg gewählt, weil vom ersten Augenblick an der gewählte Weg der Einzige war, der gewählt wurde unter allen anderen, die so für immer verschwunden sind.

Der Weg, dem man folgt, zweigt ab – aber wovon? Man weiß nichts von ihm, außer daß er seinem Kurs folgt, und wartet umso erwartungsvoller, je unbestimmter und durch das Warten geprägter das Erwartete ist: Der Prozeß *ist*, daß man nichts davon weiß, das Schloß *ist*, daß man es nicht erreicht. Kafka ist hier wieder sehr nah an Pascal, der schreibt: *So verrinnt das ganze Leben; man sucht die Ruhe, indem man gegen einige Hindernisse kämpft, und wenn man sie überwunden hat, wird die Ruhe unerträglich.*

Kafka hat keine Vorschläge, keine Lehren anzubieten, er ist weder Prophet noch Wundertäter, er hat überhaupt keine *Weltanschauung*, und was sein Schreiben ausmacht, ist, noch einmal, daß es nichts schreibt außer dem, was es schreibt. Das ist der Grund dafür, daß über Kafka so ungemein viel geschrieben wird: Er entzieht sich jeglicher Vereinnahmung, gerade wenn der Kommentar versucht, den Kern des Geschriebenen zu treffen. Jeder fühlt sich von Kafka, der jeden betrifft, betroffen. Doch der »Inhalt« von

Kafkas Werk ist umso weniger faßbar, als der Versuch, ihn zu erfassen, nur zu einer Wiederholung führt, die dem Weg dieses Werks folgt – der Kommentar kann nichts anderes sein als Paraphrase.

In Form einer Parabel aus den Fragmenten zu den *Hochzeitsvorbereitungen auf dem Lande* definiert Kafka die Unmöglichkeit, daß der Kommentar erreicht, was er kommentiert: *Auf der Freitreppe des Tempels kniet ein Priester und verwandelt alle Bitten und Klagen der Gläubigen die zu ihm kommen in Gebete, oder vielmehr er verwandelt nichts sondern wiederholt nur das ihm Gesagte laut und vielmals. Es kommt z. B ein Kaufmann und klagt, daß er heute einen großen Verlust gehabt hat und daß infolgedessen sein Geschäft zugrundegeht. Darauf der Priester – er kniet auf einer Stufe, hat auf eine höhere Stufe die Hände flach hingelegt und schaukelt beim Beten auf und ab –: A hat heute einen großen Verlust gehabt, sein Geschäft geht zugrunde. A. hat heute einen großen Verlust gehabt, sein Geschäft geht zugrunde u. s. f.«*

Um zu sagen, daß A. heute einen großen Verlust hatte, kann man nur sagen, *A. hat heute einen großen Verlust gehabt.* Die Besonderheit von Kafkas Werk ist, daß es sich nicht von außen sehen kann, es sehen heißt schon, drin zu sein, man kann nur in ihm sprechen; man ist gefangen wie in Kants A-priori-Relation, die zeigt, daß das Denken nicht außerhalb der raum-zeitlichen Formen denken kann, von denen es nicht abstrahierbar ist, oder wie in der Heisenbergschen Unschärferelation, nach der bekanntlich die Bewegung von Teilchen durch deren Beobachtung verändert wird. Mit anderen Worten: Kafkas Werk umfaßt seine Deutung. Es saugt alles um sich herum an wie eine Art Antimaterie – die Materie einer Sprache, die wir nicht besitzen und die nicht existiert, ähnlich wie die Paul Celans, die nichts anderes sagt, als sie sagt, und das ist, wie sie, nicht anders formulierbar.

Der Kommentar kann sich nur ad infinitum vermehren, denn das Werk Kafkas verweist von Anfang an auf den Satz Wittgensteins, der hier noch einmal wiederholt werden soll: *Zum Satz gehört alles, was zur Projektion gehört; aber nicht das Projizierte. Also die Möglichkeit des Projizierten, aber nicht dieses selbst. Im Satz ist also sein Sinn noch nicht enthalten, wohl aber die Möglichkeit, ihn auszudrücken [...] Im Satz ist die Form seines Sinnes enthalten, aber nicht dessen Inhalt.* (Tractatus logico-philosophicus, 3.13)

Eben weil der »Sinn« bei Kafka nur im Kopf seines Lesers ist, fängt alles immer wieder von vorn an – und genau das ist der Sinn. Die Ränder sind so vollkommen miteinander verfugt, daß jede Möglichkeit, sie zu unterscheiden, schwindet. Das erinnert ein wenig an alte Reproduktionen von Gemälden, bei denen die Farben nicht ganz genau übereinanderpaßten: Da gab es immer eine, die ein bißchen überstand, so daß die Bilder leicht verschwommen wirkten. Nichts davon bei Kafka, die »Kennungen« sind vollkommen, alles ist miteinander verfugt.

Kafka sagt nichts, was nicht jeder schon wüßte. Nichts Neues, nichts Sensationelles, nichts Außergewöhnliches, nur Selbstverständliches, das durch seine Selbstverständlichkeit überwältigend ist: Ein denkender Käfer, Pingpongbälle mit Eigenleben, ein Tier, das Kätzchen und Lamm zugleich ist, ein sprechender Zwirnstern gehören bei Kafka nicht zum Phantastischen, sie sind einfach ohne Einschränkung, was sie sind. Die Erzählungen, die kleinen Texte Kafkas in ihrer strengen Koinzidenz mit dem, was sie sagen, kehren (wie die Anekdoten Kleists) den philosophischen Diskurs um, wie Wittgenstein es tut, löschen den ganzen Rest und hinterlassen eine leere Spur: Es gibt von dem ganzen Rest, der zu sagen ist, nichts anderes zu sagen.

Weil es nichts zu enthüllen gibt, ist Kafka so verständlich und undurchdringlich zugleich. Es gibt das Es-Gibt – und nichts anderes. Auch wenn Atlas sich sagt, daß er die Erde fallen lassen wird, wird er sie trotzdem weiter tragen. *Atlas konnte die Meinung haben, er dürfe, wenn er wolle, die Erde fallen lassen und sich wegschleichen; mehr als diese Meinung aber war ihm nicht erlaubt* (viertes Oktavheft). Atlas kann nichts anderes tun als die Erde tragen, *darin*, nicht *deshalb* ist er Atlas.

Was Kafka schreibt, ist, daß die Sprache nicht enthält, was sie sagt – die Sprache ist nicht ihre Stofflichkeit. In der Sprache gibt es nichts. Auch hier wieder meint man Kafka zu lesen, wenn man Wittgenstein liest: *Die Philosophie stellt eben alles bloß hin, und erklärt und folgert nichts. – Da alles offen daliegt, ist auch nichts zu erklären. Denn, was etwa verborgen ist, interessiert uns nicht. »Philosophie« könnte man auch das nennen, was* vor *allen neuen Entdeckungen und Erfindungen möglich ist.* (Philosophische Untersuchungen, § 126)

Dies in jedem Augenblick durch das Geschehen unwiderruflich gelöschte massenhafte Davor versucht das Schreiben zu spiegeln. Die Intensität des von Kafka Geschriebenen kommt vielleicht von der Art, wie seine Erzählungen auftauchen und eine Fährte hinter sich lassen, die nicht existiert und von der man nichts wissen kann. Es gibt die Erzählungen, Punkt. *Das Denken träumt davon, seine Worte zu überschreiten*, schreibt Patrice Loraux[18]. Das Werk Kafkas träumt davon, seine Worte zu überschreiten, doch nur sie könnten es sagen, und sie sagen es eben nicht. So kann der Philosoph nie die Bewegung des sich drehenden Kreisels fassen: *Ein Philosoph trieb sich immer dort herum wo Kinder spielten. Und sah er einen Jungen, der einen Kreisel hatte lauerte er schon. Kaum war der Kreisel in Drehung, verfolgte ihn der Philosoph um ihn zu fangen. Daß die Kinder lärmten und ihn von ihrem Spielzeug abzuhalten suchten kümmerte ihn nicht, hatte er den Kreisel, solange er sich noch drehte, gefangen, war er glücklich, aber nur einen Augenblick, dann warf er ihn zu Boden und ging fort. Er glaubte nämlich, die Erkenntnis jeder Kleinigkeit, also z. B. auch eines sich drehenden Kreisels genüge zur Erkenntnis des Allgemeinen. Darum beschäftigte er sich nicht mit den großen Problemen, das schien ihm unökonomisch, war die kleinste Kleinigkeit wirklich erkannt, dann war alles erkannt, deshalb beschäftigte er sich nur mit dem sich drehenden Kreisel. Und immer wenn die Vorbereitungen zum Drehen des Kreisels gemacht wurden, hatte er Hoffnung, nun werde es gelingen und drehte sich der Kreisel, wurde ihm im atemlosen Laufen nach ihm die Hoffnung zur Gewißheit, hielt er aber dann das dumme Holzstück in der Hand, wurde ihm übel und das Geschrei der Kinder, das er bisher nicht gehört hatte und das ihm jetzt plötzlich in die Ohren fuhr, jagte ihn fort, er taumelte wie ein Kreisel unter einer ungeschickten Peitsche. (Der Kreisel, 1920)*

Da dreht sich der Kreisel, vor seinen Augen, man muß ihn nur fassen. Die Bewegung ist ganz nah und doch ungreifbar, man wird nie etwas anderes zu fassen kriegen als die Unbeweglichkeit. *Wie könnte sich die Bewegung auf den Raum anwenden, den sie durchläuft? Wie würde die Bewegung mit dem Unbeweglichen zusammenfallen? Wie wäre der Gegen-*

stand in Bewegung an einem Punkt seines Wegs? fragt sich Bergson (in *Denken und schöpferisches Werden*). Kafka tut nichts anderes als durch das, was ist, auf das hinzuweisen, was nicht ist. Es gibt kein anders Mögliches, jede Erzählung Kafkas läßt nur Platz für das, was sie erzählt, und für nichts anderes – eine kraftvolle Fülle, gegraben in die Leere alles nicht Erzählten. Die Intensität dessen, was ist, ist nur durch das, was nicht ist, so intensiv. Der Kreisel dreht sich, unablösbar von seiner Bewegung, und der Philosoph existiert nur im Streben nach der Erfassung dieser Bewegung. Es gibt nur das Warten auf einen Ausweg, eine Art Zwischenhalt in Bewegung. Der Philosoph weiß von vornherein, daß er nie die Bewegung des Kreisels begreifen wird, deshalb versucht er es immer und immer wieder. *»Ich bin immer auf der großen Treppe die hinaufführt. Auf dieser unendlich weiten Freitreppe treibe ich mich herum, bald oben bald unten, bald rechts bald links, immer in Bewegung«,* sagt der Jäger Gracchus.

Was in diesen Texten Kafkas so drängt und sie so deutlich macht, ist die Perfektion der Grenzziehung zu dem, was nicht ist, die Klarheit des schärfsten möglichen Scherenschnitts am *Rand.* Die Erzählungen oder Notate Kafkas ziehen die Konturen mit einer Präzision, die diese unüberschreitbar macht. Die Grenzen sind so klar, daß sie nichts begrenzen – bei Kafka ist nur Rand. Außerhalb des Gerichts im *Proceß* gibt es nichts, jenseits ist nur Leere, doch K. trifft es immer voll und ohne Berufung. Das ist es, was Patrice Loraux in *Le Tempo de la pensée* das Schroffe nennt. ›Die Verwandlung‹ läßt dieses *Schroffe* unmittelbar, wie blitzartig, erscheinen, und jeder Leser versteht von Anfang an. Die unwahrscheinliche Gewißheit wird sofort im Kern erfaßt. Man erkennt augenblicklich, was man nie gelesen hat. Jeder Leser kippt sofort in sein eigenes Sehen: Ich bin der Einzige in meinem Sehen, ich kann versuchen, davon zu berichten, aber ich bin der Einzige, der mit meinem Blick sieht. Nur der Bestrafte – und das Kind weiß darüber einiges – wird bestraft, und alle anderen wären, wenn es sie träfe, auch als Einzige betroffen. Nur Gregor steckt in dem Panzer.

Ob groß oder klein – die Distanz ist zu überwinden. Vor dem Überschreiten, im unmittelbaren Davor, weiß man noch nicht, daß es immer anders kommt, als man erwartet. Kafka ist ganz vorn dabei, er exponiert sich: Nie geht etwas glatt, nichts gleitet, gut vorbereitet, nie geht ein Bild ins andere über – alles ist roh.

Ein Text wie *Der Bau* (was im Deutschen sowohl das Errichten eines Gebäudes als auch das fertige Gebäude bezeichnet) ist eine regelrechte Methodologie der Angst. Zwischen dem Tier im Bau und dem Geräusch gibt es nichts. Die unterirdische Zuflucht, mit allen Listen, falschen Eingängen und möglichen Finten erbaut, ist nichtsdestoweniger nach allen Seiten hin exponiert, jeder neue Schlupfwinkel birgt eine neue Gefahr. *Freilich manche List ist so fein, daß sie sich selbst umbringt*, sagt das Tier, das seinen Bau gräbt, um dem Geräusch zu entgehen, das es ständig verfolgt. Mit seinen Ortswechseln wechselt auch das Geräusch den Ort. Was es auch tut, das Geräusch ist immer da. Das Tier ficht, um seine Ruhe zu sichern, einen phantastischen Kampf, dessen Strategien sich ständig widersprechen: *Ich horche an zehn beliebigen Stellen und merke die Täuschung deutlich, das Zischen ist gleich geblieben, nichts hat sich geändert.* Ein paar Zeilen später übrigens endet der Text mit fast denselben Worten: *Aber alles blieb unverändert.* Das Tier kann die gefinkeltsten Strategien entwickeln – zwischen der Gefahr und ihm ist keine Vereinbarung, kein Vergleich möglich. Es gibt nur ein Gegenüber. Das Geräusch ist überall und nirgends, wo das Tier ist, ist es auch zu hören. Das Tier kann bauen und zerstören, wiederaufbauen und von vorn anfangen, hier aufschichten, um anderswo tiefer zu graben – es ist von dem Geräusch umgeben. Es kann alles sehen und alles hören, doch von einem Zentrum ohne Ränder ausgehend, das überall um es herum ist, ist es nichts als seine eigene Anwesenheit; als Ursprung und Endpunkt ist es Beute und Raubtier zugleich.

Virtuos, mit jener Virtuosität, mit der man auf die Herausforderung durch das Unmögliche antwortet, verteidigt das Tier aus lauter Angst vor einem nicht existierenden Eindringling heute das, was es am Vortag zerstört hat, und gräbt Gänge, die es am nächsten Tag zuschüttet. *Aber es kommt niemand und ich bleibe auf mich allein angewiesen. [...] Ich weiche dem Eingang auch äußerlich nicht mehr aus, ihn in Kreisen zu umstreichen wird meine Lieblingsbeschäftigung, es ist schon fast so, als sei ich der Feind und spioniere die passende Gelegenheit aus um mit Erfolg einzubrechen.*

1931 schreibt Walter Benjamin in einem Text über Kafka: *Jedenfalls könnte man eine Legende über diesen Kafka erfinden: Sein Leben lang quälte er sich zu erfahren, welchen Kopf er wohl haben könnte, da er nie erfuhr, daß es Spiegel gab.* Kafka oder die Abwesenheit von Spiegeln, wie sie sich nicht durch Spiegel manifestiert, sondern nur durch die Abwesenheit von Spiegeln. Nicht zu wissen, daß es Spiegel gibt, geht mit keinerlei Wissen über Spiegel einher. Ich weiß nichts von dem Baum hinter mir; geht es immer darum zu wissen, ob du drinnen nicht draußen bist, das heißt, noch drinnen. Ich muß in meinem Körper sein, um zu wissen, ob ich außerhalb meines Körpers bin – das Problem ist, daß, wenn man woanders hingeht, jedes Woanders zu einem Hier wird.

Im Grunde ist es bei Kafka, wie wenn man einem Kind sagt: Geh mal dorthin und schau, ob ich dort bin; oder wie jemand einmal vor langer Zeit über den Senator L. in Pontoise sagte: Er bleibt auf der Straße stehen, um sich vorbeigehen zu sehen. Im dritten Oktavheft schreibt Kafka: *Hier wird es nicht entschieden werden, aber die Kraft zur Entscheidung kann nur hier erprobt werden.* Alle Eintragungen in diesem dritten Oktavheft gehen bis zur äußersten Grenze möglicher Worte. Wir sind weit entfernt von diesem Gleiten von Selbstverständlichkeit zu Selbstverständlichkeit, von dieser harmonischen Kontinuität, angesichts derer die Philosophen nicht aufhören zu schreiben. Die Unterbrechung ist brutal – sie blockt ab. Was Kafka sagt, beginnt, wo die Philosophie nicht mehr weiterkann – und er auch nicht.

Ich kann mein Überschreiten nicht überschreiten: *Er ist ein freier und gesicherter Bürger der Erde, denn er ist an eine Kette gelegt, die lang genug ist, um ihm alle irdischen Räume frei zu geben und doch nur so lang, daß nichts ihn über die Grenzen der Erde reißen kann. Gleichzeitig aber ist er auch ein freier und gesicherter Bürger des Himmels, denn er ist auch an eine ähnlich berechnete Himmelskette gelegt. Will er nun auf die Erde, drosselt ihn das Halsband des Himmels, will er in den Himmel jenes der Erde. Und trotzdem hat er alle Möglichkeiten und fühlt es, ja er weigert sich sogar das Ganze auf einen Fehler bei der ersten Fesselung zurückzuführen,* schreibt Kafka im dritten Oktavheft.

In jedem Moment bricht alles zusammen oder ist dabei zusammenzubrechen. Diese in ihrer stetigen Aufhebung stillstehende Beständigkeit findet man immer wieder in diesem Heft: *Verstecke sind unzählige, Rettung nur eine, aber Möglichkeiten der Rettung wieder soviele wie Verstecke.*

Es gibt weder Widerspruch noch Opposition noch Verweigerung, nur die Unmöglichkeit, daß es gibt, was es nicht gibt. Ich kann den Kreis, der mich umgibt, nicht überschreiten, ich besetze immer den Raum, den ich besetze, ich kann nie mehr als den Rand berühren. *Der Beobachter der Seele kann in die Seele nicht eindringen, wohl aber gibt es einen Randstrich, an dem er sich mit ihr berührt. Die Erkenntnis dieser Berührung ist, daß auch die Seele von sich selbst nicht weiß. Sie muß also unbekannt bleiben. Das wäre nur dann traurig wenn es etwas anderes außer der Seele gäbe, aber es gibt nichts anderes,* heißt es ebenda.

Kafka sagt mit überwältigender Deutlichkeit, was die Philosophen nicht ausdrücken können, eben weil sie Philosophen sind.

Kant und Wittgenstein versuchten, diese Leere durch Verhärtung des vom Nichtexistenten umgebenen Existenten zu fassen: Das Ding zeichnet sich umso klarer ab, als es keine Worte gibt, es zu sagen: Die Sprache ist in den Sprachen gefangen und kann sich nur in einer von ihnen ausdrücken.

Man könnte Kafkas Schriften insgesamt zitieren, denn der Kommentar, die Deutung, die am exaktesten das trifft, was man über Kafka sagen wollte, bestünde darin, sie Wort für Wort abzuschreiben. Beides wäre voneinander untrennbar – und so öffnet sich die Falle ständig von neuem. Das

Schreiben Kafkas fällt so sehr mit sich selbst zusammen, daß man es nicht davon trennen kann, wodurch das Bedürfnis, das dabei *Empfundene* auszudrücken, nur noch größer wird. Je geschlossener, kohärenter ein Werk ist, desto mehr *gibt es dem statt*, von dem es herrührt und das es als Einziges sagen kann. Vielleicht ist das, was schwer zu sagen ist, das, was mehr zum Sagen drängt, aber über die zur Verfügung stehende Sprache hinausgeht. Man versucht nur das zu sagen, für das der Sprache womöglich die Worte fehlen, da beginnt, so wird allgemein angenommen, die Literatur. Der Maler Dégottex hätte gesagt, es gibt weder vorher noch nachher, es gibt das Malen; genauso gibt es das Schreiben. Und je unüberschreitbarer es ist, desto mehr will das Unüberschreitbare Überschreitung sein, doch ich kann meine Überschreitung nicht überschreiten.

Der Kreis geht nie über seinen Rand hinaus, und dieser schränkt immer den Blick ein – Binsenweisheiten, könnte man sagen, aber sie kitzeln noch immer. Das Problem bleibt: Woraus besteht dieser unüberwindliche Widerstand der vollkommensten Banalitäten, die so wenig abzuweisen oder zu beweisen sind wie ein Text Kafkas?

Die Unermeßlichkeit des Möglichen kippt in das Kommende. Das Kommende hebt das Vorangegangene auf und hätte auch ein anderes sein können – hätte. Und eben das zählt: Das Implizite, das Mögliche, das Warten, die Spannung sind aufgehoben, folgenlos, nichts vom Potentiellen überdauert oder tritt ein. Was dann kommt, ist nicht das, was folgt.

Der Leser steht an der Kreuzung dieser wechselseitigen Aufhebung, und er trägt die Kosten dafür: Das Selbst-Be-

wußtsein *empfindet* keineswegs einen inneren Zusammenhang, sondern spürt nur die Nicht-Koinzidenz, das ewige
Scheitern. Der Fehlschlag ist allerdings komisch, das Unpassende bringt zum Lachen – wenn auch verkniffen. Es ist
bekannt, daß Kafkas Zuhörer herzlich lachten, wenn er seine
Texte vorlas. Im Deutschen nennt man diesen Humor *Gal-
genhumor*.[19] Derselbe makabre Humor zeigt sich auf dem
Vorsatzblatt der ersten Ausgabe der *Letzten Tage der Mensch-
heit* (dieses ungeheuren, prophetischen Stücks von Karl
Kraus, den Kafka kannte – er erwähnt ihn in seinem Tagebuch). Es ist »geziert« von der Fotografie eines Gehenkten,
um den lachende Männer posieren, wobei einer sich auf das
Galgenbrett stützt – die Hinrichtung erfüllt sie offensichtlich
mit Freude.

Bei Kafka ist die Drohung immer präsent, stets im Begriff, Wirklichkeit zu werden. Das Lachen erscheint vor
dem Bruch, es ist die Überraschung der Umkehrung, das
Klümpchen in der Soße, das »Ähnorrrme« wie Flaubert
sagte.

Das Unpassende – und Kafka spricht im Grunde von
nichts anderem – droht ständig, es gibt immer ein Kippen
ins Leere, einen Riß, einen Bruch im Kontinuum und an
den scharfen Rändern. Man verliert sich bei der Kafka-Lektüre nicht in Vielfalt und Abweichungen, die Ränder entsprechen streng dem Bruch. Es gibt nichts Impliziertes, das
nicht expliziert würde. Es gibt Sicheres bei Kafka, Gewißheit und Punkt.

Nie kann das Tier im *Bau* dort sein, wo es nicht ist, seiner
Meinung nach aber sein sollte. Nichts ist in dieser Erzählung, was kein Hier ist. Es gibt nur ein »Hier«, das des Tie-

res, von dem man übrigens weder Art noch Aussehen kennt, weil es kein Außen gibt und keinen Blick von außen. Würde das Ziel (welches Ziel?) erreicht, würde es mit dem Erreichen zusammenfallen wie das Erreichen der Grenzen der Welt mit diesen zusammenfällt. Der Weg kann nur einen Zugang eröffnen, indem er aufhört, Weg zu sein. Abgesehen vielleicht von Gregor Samsa oder dem Hungerkünstler, gewinnt man nicht unbedingt etwas beim Sichtbarmachen von Kafkas Figuren.

Eine Darstellung K.s, eine Inszenierung des *Processes*, was oft versucht wurde, bedeutet eine Umkehrung des Blicks – und führt wahrscheinlich zum kompletten Widersinn. Tatsächlich ist K. derjenige, von dem der Blick ausgeht, man kann ihn nicht sehen, weil er der Betrachter ist, der Leser sieht durch K.s Augen. Das ist eine der Besonderheiten an Kafkas Schreiben: Was »repräsentiert« wird, absorbiert jede andere Repräsentation. Das Sehen absorbiert das Gesehene. Wahrscheinlich sind Kafkas Erzählungen aus diesem Grunde nicht darstellbar: Man kann sich nicht selbst sehen, das meinte die weiter oben zitierte Bemerkung Walter Benjamins: Es gibt keinen Spiegel, man kann K. in den Gängen des Gerichts sein, aber man kann ihm nicht dahin folgen, weil man durch die Lektüre *in ihm* ist.

Was Kafka schreibt, kennt kein Anders, die Erzählung enthält nur die Erzählung, der Satz nur den Satz, nicht mehr, es sei denn die drohende Präsenz dessen, was nicht ist. Deshalb sind alle Kommentare so möglich wie nötig. Man kann keine Sinnwidrigkeit begehen, weil es keinen Sinn gibt. Man versteht Kafka nicht anders, als man ihn versteht, außer daß sich im Lauf der Zeit die Art des Verstehens ändert. Es

96

gibt keine Wahrheit Kafkas, denn die Wahrheit ist eben das, das sich jeder Wahrheit entzieht. Bei einer Wahrheit stehenzubleiben heißt, sie schon verloren zu haben. Die Wahrheit, wenn es denn eine gäbe, könnte nur zynisch sein.

Aus dem dritten Oktavheft: *Nicht jeder kann die Wahrheit sehn, aber sein.* Die Wahrheit ist so geartet, daß keiner sie besitzt, man kann sie nicht als Wahrheit erkennen, denn eine solche Erkenntnis, wenn es sie denn gäbe, wäre die Wahrheit selbst, sie kann sich also nur mit sich selbst verwechseln, und hierin ist Kafka Pascal so ähnlich: *Gerechtigkeit und Wahrheit sind zwei so feine Spitzen, daß unsere Instrumente zu stumpf sind, um sie genau zu treffen. Wenn sie zu ihnen gelangen, zerquetschen sie deren Spitze und stützen sich ringsumher mehr auf das Falsche als auf das Wahre,* heißt es in Pascals Gedanken.

Kafkas Wahrheit ist die Wahrheit Pascals, sie *ist* ihre Unfaßbarkeit. Nur die Wahrheit kann um ihre Wahrheit wissen, sie ist nah, aber ungreifbar – und darauf beruht eigentlich das Philosophische, das ganze philosophische Forschen: Hinter verschlossener Tür ist die Wahrheit Wahrheit, bei geöffneter Tür ist sie es nicht mehr. Noch einmal aus dem dritten Oktavheft: *Die Wahrheit ist unteilbar, kann sich also selbst nicht erkennen. Wer sie erkennen will muß Lüge sein.*

Nur Schuldige können Recht über Unschuld sprechen: Welche Lust, sie umso lauter herauszuschreien, als man sich schuldig weiß, und die Überzeugung der Geschworenen für sich zu gewinnen. Es gibt wohl keine größere Lust als diese: in sich das Scheitern des Sprechens zu genießen, wohl wissend, daß es nur dadurch Sprechen ist, daß man ihm nicht vertrauen kann. Der Unschuldige, der seine Unschuld

nicht beweisen kann, erreicht in seiner unbeweisbaren Gewißheit einen Punkt intensivsten Bewußtseins, aber auch
äußerster blinder Herausforderung.

Es ist die Lust des Kindes, das – vollkommen unschuldig an
dem, dessen es angeklagt wird – sich aus Trotz selbst dessen
bezichtigt, was es nicht getan hat. Alle Erzieher wußten das
früher sehr wohl: Einzig diejenigen, die man unschuldig
weiß, verdienen es, richtig bestraft zu werden. Für einen »guten Erzieher« gibt es keine größere Wollust als diese: ein
Kind auf seine unbeweisbare Identität zurückzudrängen, auf
das Scheitern des Sprechens, doch im Gegenzug lernt das
Kind, daß es kaum ein wirksameres Mittel gibt, die Erwachsenen auf ihr moralisches Nichts zurückzuwerfen. Wenn es
Sprechen gibt, gibt es mindestens die Gewißheit, daß es
keine Wahrheit gibt. Die menschliche Sprache macht, daß es
keine Wahrheit gibt.

Bei Kafka ist alles in nächster Nähe zur »Wahrheit«. So
beginnen die *Betrachtungen* mit dem folgenden Aphorismus:
*Der wahre Weg geht über ein Seil, das nicht in der Höhe gespannt
ist, sondern knapp über dem Boden. Es scheint mehr bestimmt stol-
pern zu machen, als begangen zu werden.* Die Wahrheit besteht
darin, nicht gesehen zu werden. Im jüdischen Denken ist
der Messias übrigens der, den man nicht vorbeigehen sieht,
der Spuren hinterläßt, aber keine Fährten. Kafka, im dritten
Oktavheft: *Der Messias wird erst kommen, wenn er nicht mehr
nötig sein wird, er wird erst nach seiner Ankunft kommen, er wird
nicht am letzten Tag kommen, sondern am allerletzten.*
Die Wahrheit findet nicht statt. Weder Josef K. noch K.

noch irgendeine andere Figur Kafkas kann ins Erwartete übergehen, die Wahrheit ist leer und ist keine Wahrheit. In der Aphorismenreihe von 1920 unter dem Titel *Er*, veröffentlicht nach der *Beschreibung eines Kampfes*, schreibt Kafka: *Er beweist nur sich selbst, sein einziger Beweis ist er selbst, alle Gegner besiegen ihn sofort, aber nicht dadurch, daß sie ihn widerlegen, er ist unwiderlegbar sondern dadurch daß sie sich beweisen.*

Die Wahrheit ist unwiderlegbar, doch das weiß nur sie. Ich weiß nicht, ob sie es ist oder nicht, das Einzige, was ich weiß, ist, wie Kafka sagt, die Wahrheit, die ich bin. Niemand kann sie als solche fassen, nicht einmal ich, obwohl ich für mich allein das Wissen bin, das ich davon habe, wie auch die Philosophie das Innere eines Wissens von sich selbst ist, das sie vergebens (oder, wenn man will, auch zu Recht) verfolgt. Es gibt einen Ausweg, doch sie ist ohne Ausweg.

In den *Fragmenten* notiert Kafka: *Geständnis und Lüge ist das Gleiche. Um gestehen zu können, lügt man. Das was man ist kann man nicht ausdrücken, denn dieses ist man eben; mitteilen kann man nur das was man nicht ist, also die Lüge. Erst im Chor mag eine gewisse Wahrheit liegen.*

Ausdruck ist nur außerhalb des Innen möglich, das ist, wie gesagt, so einfach, daß es unsagbar ist und nur ständig wiederholt werden kann. Man klopft nur an die Tür, die einem versperrt ist. Da es keine Lösung gibt, gibt es ein Problem, das sich nur deshalb stellt, weil es unlösbar ist.

Kafka hat sich an der Bruchlinie eingerichtet, einer absolut glatten, sauberen Linie ohne Schatten oder Riefen, einer ungemein präzisen Bruchlinie, deren anderer Rand aber unsichtbar ist. Je präziser das Geschriebene, desto weniger läßt es etwas anderem Raum, desto stärker aber auch der Druck dessen, was nicht ist. Daher die Bedeutung des Initialereignisses, das, wie schon betont, die Unumkehrbarkeit etabliert und mit einem Schlag alles, was *vorher* möglich war, aufhebt.

Im ersten Moment ist alles offen, doch die erstbeste Handlung ist das endgültige Ende alles Nichtgetanen. Das funktioniert wie ein längerer deutscher Satz, der bis zum allerletzten Augenblick gleichzeitig alles offen läßt und an seinem Platz, doch kaum ist das »Schlußverb« gefallen, ist nichts mehr anderes möglich und der Sinn des Satzes endgültig festgeschrieben.[20]

Alles, was geschieht, schließt für immer alles aus, was an seiner Stelle hätte geschehen können. Das Wirkliche ist das Letztmögliche: *Die Dir zugemessene Zeit ist so kurz, daß Du, wenn Du eine Sekunde verlierst, schon Dein ganzes Leben verloren hast, denn es ist nicht länger; es ist immer nur so lang wie die Zeit, die Du verlierst,* heißt es in Kafkas Erzählung »Fürsprecher«. Der Prozeß ist auch nur die Zeit, die Josef K. dem Prozeß widmet.

Und vielleicht ist die Zeit nicht einmal verlorene Zeit. Daß sie verloren ist, macht sie zur Zeit. Daher gibt es die leere Ausdehnung des Bewußtseins als solche. Es ist Kafkas namenloses »Selbst«, das diese Distanz empfindet, das Ziehen in seinem Kopf spürt – ein leerer Inhalt, unbegreiflich und von großer Dichte. Egal, welches Los ich wähle, nach der Wahl gibt es für diese Entscheidung wie für mich, den Entscheidenden, keine weiteren Wahlmöglichkeiten mehr. *Die Krähen behaupten, eine einzige Krähe könnte den Himmel zerstören. Das ist zweifellos, beweist aber nichts gegen den Himmel, denn Himmel bedeuten eben: Unmöglichkeit von Krähen,* schreibt Kafka in seinen *Betrachtungen.*

Es gibt eine rigorose Übereinstimmung der Sache mit sich selbst. Um das weiter oben zitierte Beispiel aufzugreifen: Nach Mozart wird es nie wieder ein »vor Mozart« geben, das wiederum vor Mozart in keiner Weise existierte, weil Mozart damals noch nicht da war. Ein »vor Mozart« kann es erst danach geben, als hätte es niemals stattgefunden. Mozart war als ein solcher unvorhersehbar. Andere Musiker waren natürlich vorstellbar, aber nicht dieser als ein solcher. Ein Vorher gibt es erst danach, so wie die Verhaftung Josef K. in die Ausweglosigkeit des (für ihn) noch nie zuvor Geschehenen stürzt. Die Zeichen werden unwirksam, ohne Bedeutung, er wird in die Abwesenheit des Verständlichen »geworfen«, nichts ist mehr vorhersehbar: Man befindet sich plötzlich in der stummen Wiederholung desselben. Es gibt nur das Bild, das nur sich selbst abbildet: Ein Gemälde ist nicht das, was es darstellt, sondern eben dieses Gemälde, wie ein Text Kafkas dieser Text ist, ein Text Kafkas, und dem Leser voraneilt, verfolgt von seiner Lektüre wie von seiner eigenen Dauer.

Die Verhaftung Josef K.s ist das plötzliche Sicheinstellen einer Empfindung, die von da an nie mehr enden wird; ohne Beweise und Zeichen, enthält sie nichts als ihr Geschehen. Im ersten Kapitel des *Processes* rekonstruiert Josef K. die Verhaftung vor seiner Mitmieterin, Fräulein Bürstner. Als würde die Rekonstruktion Anhaltspunkte geben. Worum es sich aber genau handelt, ist die Abwesenheit von Zeichen, die eine Erklärung liefern, eine Kontinuität bilden könnten: Es gibt keine Gründe. *Einmal auf der Welt, und dann ausgerechnet als Klempner in Detmold*, wie es der große

Dramatiker Grabbe so genial formulierte. Man ist »geworfen« in den, der man ist und den man sein ganzes Leben mit sich herumschleppt, das ist es, was Kafkas Humor erklärt oder besser gesagt seinen Ulk, der so schnell absurd wird. Absurd ist, was nicht an den erwarteten Verkettungen entlangschnurrt, was keiner logischen Ordnung entspricht, was also auf die Verwirrung, auf die Lage des bei Kafka überall präsenten Hilflosen, Abgewiesenen verweist. Absurd ist das, von dem man nichts sagen kann und das das Sagen auf seine Herkunft zurückführt – von der es eben nicht sprechen kann.

Die Idee des Absurden hat eine Zeitlang den Diskurs über Kafka beherrscht. Die Etymologie dieses Wortes verweist auf das lateinische *absurdus* = dissonant. Es gibt in der Tat Dissonanz in Kafkas Werk, es fügt sich nicht ins Erwartete ein, in einen Ablauf, wie ihn das Vorangegangene nahelegt, das jedoch in keiner Weise das Kommende vorherbestimmt. Was geschieht, ist ohne Erklärung und ohne Möglichkeit einer Erklärung, es gibt nur *Rand*, sonst nichts. Indem K. Zeichen, Hinweise oder Erklärungen sieht, ohne sie vielleicht als solche zu wollen, sieht er deren Abwesenheit. Man sieht die Dinge nur so, wie man sie sieht; sie sind von der Unermeßlichkeit des Unmöglichen, all dessen, was hätte sein können, umzingelt. K. kann sich an nichts festhalten. Es gibt eine Abwesenheit von Zeichen, es gibt den Abschied, aber ohne anderen Ausgang als den Abschied.

VI

Ein Weg und kein Ausweg

Was man das »Feld des Bewußtseins« nennt, dehnt sich bei Kafka nicht aus, sondern schrumpft, konzentriert sich. Auf den ersten Blick gibt es nichts Unterschiedlicheres als das Schreiben Kafkas und das seiner Zeitgenossen Robert Musil, Heimito von Doderer oder Hermann Brochs[21] Frühwerk. Das Schreiben Kafkas dehnt sein Material nicht aus, es erforscht weniger die Welt, als es sondiert, wer sie bewohnt, es geht um das Selbstverständliche da, wo es so eindeutig ist, daß man nichts darüber sagen kann, daher die punktuelle, vertikale Konzentration seines Schreibens. Man weiß davon nichts als was es sagt, es ist eine Linie von makelloser Klarheit, eben das, was es ist inmitten all dessen, was nicht war, was es nicht war, und das nie anders gesagt werden wird, weil es so geschrieben ist.

Spannung, Unterhaltung und jede andere Empfindung zeigen sich erst durch das, was bleibt. Das Schreiben ist der Beweis des Vorangegangenen. Man weiß, daß es ein Vorher gab, von dem man nie etwas wissen wird – das ist es, was das Schreiben sagt. Das Gesagte überlebt das Schreiben unangetastet, intakt in der ungeheuren Spannung des Vor-dem-

Gesagt-Werdens. *Sein eigener Stirnknochen verlegt ihm den Weg (an seiner eigenen Stirn schlägt er sich die Stirn blutig)*, schreibt Kafka in *Er*; dem entspricht fast wörtlich eine Bemerkung Wittgensteins in den *Philosophischen Untersuchungen* (§ 119): *Die Ergebnisse der Philosophie sind die Entdeckung irgendeines schlichten Unsinns und Beulen, die sich der Verstand beim Anrennen an die Grenze der Sprache geholt hat. Sie, die Beulen, lassen uns den Wert jener Entdeckung erkennen.* Nicht daß die Sprache unsicher wäre, aber sie ist nie mehr als die Spur dessen, was sie überschreitet und das sie nicht ausdrückt, weil das, was sie überschreitet, nur in ihr existiert und man nur erfährt, was sie davon nicht sagt. Die Sprache beweist, daß es noch zu Sagendes gibt: Sie besteht nur aus Beulen, darunter aber ist nichts. Es gibt kein Undsoweiter bei Kafka, und je klarer das ist, desto weniger läßt es sich erfassen. Bei Kafka reicht die Wortfülle bis an den äußersten Rand des Wortes, weil nichts von dem trifft, was darüber gesagt wird. Der Tempel der Saïs ist leer. *Müßte man also schon zwischen der* Bedeutung *und ihrem Auftreten im* Diskurs *differenzieren?* fragt sich Patrice Loraux.[22] Die Sprache ist ungeeignet, aber nur sie allein kann das sagen.

Die ›Verwandlung‹ begreift man auf Anhieb, oder besser, man ist durch die Lektüre sofort ergriffen. Die Worte stocken angesichts der schroffen Evidenz. Man ist geschüttelt, von der Verblüffung, dem Schauer gepackt, daß man so »Käfer-Gregor« im Inneren seiner selbst ist: zurückgeworfen auf die Nacktheit des Ausweglosen. Odradek aus der Erzählung ›Die Sorge des Hausvaters‹, ein sprechender Zwirnstern, der alles überlebt, ohne Ziel, ohne Grund überlebt, wie die Scham des Josef K., Odradek ist nichts, weder lächerlich noch absurd – er ist Odradek, nichts weiter: *Alles, was stirbt, hat vorher eine Art Ziel, eine Art Tätigkeit gehabt und daran hat es sich zerrieben; das trifft bei Odradek nicht zu.* Odradek ist, was ohne Bezug und Ende weitergeht, dessen null und nichtige Ewigkeit mit dem Tod konfrontiert, denn der Zweck des Endlosen, dem sich Kafkas Figuren gegenübersehen, kann nur der Tod sein als einziger möglicher Hinweis auf das, was Abwesenheit sein könnte, (ewiger) Nichttod. Odradek hebt den Nicht-Odradek auf, weil er ohne Gegenteil ist.

In ›Eine alltägliche Verwirrung‹ im dritten Oktavheft, zuerst im Gefolge von *Beim Bau der chinesischen Mauer*, Berlin 1921, veröffentlicht, verfehlt A B, mit dem er eine wichtige Verabredung hat. Was er auch tut, ob er ihm vorauseilt, ihn einholt, wieder zurückkommt – er verfehlt ihn auf jeden Fall, auch als B, des Ganzen müde, am Ende zu A kommt, um auf ihn zu warten, während dieser zu B gegangen ist. *Glücklich darüber, B. jetzt noch sprechen und ihm alles erklären zu können läuft A. die Treppe hinauf. Schon ist er fast oben, da stolpert er, erleidet eine Sehnenzerrung und fast ohnmächtig vor Schmerz, unfähig sogar zu schreien, nur winselnd im Dunkel, hört und sieht er, wie B., undeutlich ob in großer Ferne oder knapp neben ihm, wütend die Treppe hinunterstampft und endgültig verschwindet.*

Auch in der ›Kaiserlichen Botschaft‹ dreht sich alles ums Weggehen und Nichtfortkommen. Ebenso im ›Landarzt‹. Die vom sterbenden Kaiser an den bescheidensten seiner Untertanen übermittelte Botschaft ist, daß diese ihn nie erreicht. Ich bin nichts als die Distanz, die Spanne, deren

Endpunkte weniger wichtig sind als das, was sie trennt. Die völlige Unmöglichkeit, diese Entfernung zurückzulegen, der Zwischenraum, der sich bei gleichem Abstand selbst mitnimmt, das ist jener letzte *Punkt, der sich nicht enthüllen will*, wie Hans Henny Jahnn schrieb. Die Strecke streckt sich immer weiter, der Kern ist das Sich-nicht-Vollenden. Das Hindernis, das da im Weg steht, ist letztlich nichts als Nichtsein. Es gibt Darstellung ohne Erhellung, alles ist ohne letzte Erklärung und stellt sich nur dar, wie es sich darstellt, deshalb läßt sich der Kafkasche Text, wenn man seine Kraft spürbar machen will, ohne daß man weiter in ihn eindringen könnte, nur wiederholen.

Um etwas über Kafka zu sagen, kann man ihn nur abschreiben wie diese Parabel am Anfang des neunten Kapitels im *Proceß*, die für sich alles von Kafka Geschriebene zusammenfaßt. Der Priester steigt von der Kanzel herunter und erzählt sie K.: *Vor dem Gesetz steht ein Türhüter. Zu diesem Türhüter kommt ein Mann vom Lande und bittet um Eintritt in das Gesetz. Aber der Türhüter sagt, daß er ihm jetzt den Eintritt nicht gewähren könne. Der Mann überlegt und fragt dann, ob er also später werde eintreten dürfen. ›Es ist möglich‹, sagt der Türhüter, ›jetzt aber nicht.‹ Da das Tor zum Gesetz offensteht wie immer und der Türhüter beiseite tritt, bückt sich der Mann, um durch das Tor in das Innere zu sehn. Als der Türhüter das merkt, lacht er und sagt:* »*Wenn es Dich so lockt, versuche es doch trotz meines Verbotes hineinzugehn. Merke aber: Ich bin mächtig. Und ich bin nur der unterste Türhüter. Von Saal zu Saal stehn aber Türhüter einer mächtiger als der andere. Schon den Anblick des dritten kann nicht einmal ich mehr ertragen.*« *Solche Schwierigkeiten hat der Mann vom Lande nicht erwartet, das Gesetz soll doch jedem und immer* zugänglich sein denkt er, aber als er jetzt den Türhüter in seinem Pelzmantel genauer ansieht, seine große Spitznase, den langen dünnen schwarzen tartarischen Bart, entschließt er sich doch lieber zu warten bis er die Erlaubnis zum Eintritt bekommt. Der Türhüter gibt ihm einen Schemel und läßt ihn seitwärts von der Tür sich niedersetzen. Dort sitzt er Tage und Jahre. Er macht viele Versuche eingelassen zu werden und ermüdet den Türhüter durch seine Bitten. Der Türhüter stellt öfters kleine Verhöre mit ihm an, fragt ihn über seine Heimat aus und nach vielem andern, es sind aber teilnahmslose Fragen wie sie große Herren stellen und zum Schlusse sagt er ihm immer wieder, daß er ihn noch nicht einlassen könne. Der Mann, der sich für seine Reise mit vielem ausgerüstet hat, verwendet alles und sei es noch so wertvoll um den Türhüter zu bestechen. Dieser nimmt zwar alles an, aber sagt dabei: »Ich nehme es nur an, damit Du nicht glaubst, etwas versäumt zu haben.« Während der vielen Jahre beobachtet der Mann den Türhüter fast ununterbrochen. Er vergißt die andern Türhüter und dieser erste scheint ihm das einzige Hindernis für den Eintritt in das Gesetz. Er verflucht den unglücklichen Zufall, in den ersten Jahren laut, später als er alt wird brummt er nur noch vor sich hin. Er wird kindisch und da er in dem jahrelangen Studium des Türhüters auch die Flöhe in seinem Pelzkragen erkannt hat, bittet er auch die Flöhe ihm zu helfen und den Türhüter umzustimmen. Schließlich wird sein Augenlicht schwach und er weiß nicht ob es um ihn wirklich dunkler wird oder ob ihn nur seine Augen täuschen. Wohl aber erkennt er jetzt im Dunkel einen Glanz, der unverlöschlich aus der Türe des Gesetzes bricht. Nun lebt er nicht mehr lange. Vor seinem Tode sammeln sich in seinem Kopfe alle Erfahrungen der ganzen Zeit zu einer Frage die er bisher an den Türhüter noch nicht gestellt hat. Er winkt ihm zu, da er seinen erstarrenden Körper nicht mehr auf-

richten kann. Der Türhüter muß sich tief zu ihm hinunterneigen,
denn die Größenunterschiede haben sich sehr zuungunsten des
Mannes verändert. »Was willst Du denn jetzt noch wissen«, fragt
der Türhüter, »Du bist unersättlich.« »Alle streben doch nach dem
Gesetz«, sagt der Mann, »wieso kommt es, daß in den vielen Jah-
ren niemand außer mir Einlaß verlangt hat.« Der Türhüter erkennt,
daß der Mann schon am Ende ist und um sein vergehendes Gehör
noch zu erreichen brüllt er ihn an: »Hier konnte niemand sonst
Einlaß erhalten, denn dieser Eingang war nur für Dich bestimmt.
Ich gehe jetzt und schließe ihn.«

Die Deutung entgeht dem Text nicht, sie gehört notwendig dazu. Der Priester gibt die Erklärung zu diesem
Text und zeigt, daß man an ihn nicht herankommt, das Innere des Gesetzes ist unzugänglich, es existiert nur in seiner
Formulierung, das heißt, *nachdem* es verkündet ist. Als Gesetz ist es schon da, bevor es geschrieben steht, es kann nur
geschrieben werden, weil es sich unformuliert, noch ungesagt selbst voraus ist. Formuliert wird es danach, das Gesetz
geht sich selbst voran, der Text ist nur das Ausgesprochene
des Gesetzes, nicht dieses selbst. Das tritt nur in Kraft, weil
es schon da ist.

Der Prozeß ist nichts anderes als die unmögliche Umkehr, er zeigt nur das Unumkehrbare, und es gibt nur Unumkehrbares, weil es den Tod gibt. Allein der Tod weist uns
darauf hin, daß es Unumkehrbares gibt, wie es bei Kafka
kein Außen gibt (und folgerichtig keine Geschichtlichkeit
und kein Heil im christlichen Sinne). Die Geschichte hat bei
Kafka keinen Sinn, es gibt kein »Warum«[23], kein »Weil« …
Die Tür ist nur für den Mann vom Lande bestimmt; Warten
und Nichtüberschreiten decken sich, der Mann vom Land

befindet sich in der Schwebe, in einem Zwischenraum, der nur im Nichtüberschrittenwerden existiert. Man weiß nicht, ob der Wächter vor dem Mann vom Lande da war und ob seine Funktion mit diesem endet. Der Mann vom Lande hätte genausogut nicht dableiben können. Alles, was man vom Wächter weiß, ist, daß er ebenso lange da ist wie der Mann vom Lande und in dem Moment geht, als dieser stirbt. Mehr weiß man nicht über ihn. Die Dinge sind nichts, als sie sind, und enthalten nur sich selbst. Der Priester ist der Gefängniskaplan, gehört also zum Gericht. Wohin er auch geht, stets stößt sich K. an derselben Kontinuität, weil er es ist, der da ist. Das Gericht ist, wie ihm gesagt wird, dort, wo er hingeht und da, wo er ist.

»Du bist der Gefängniskaplan«, sagte K. und gieng näher zum Geistlichen hin, seine sofortige Rückkehr in die Bank war nicht so notwendig wie er sie dargestellt hatte, er konnte recht gut noch hier bleiben. »Ich gehöre also zum Gericht«, sagte der Geistliche. »Warum sollte ich also etwas von Dir wollen. Das Gericht will nichts von Dir. Es nimmt Dich auf wenn Du kommst und es entläßt Dich wenn Du gehst.«

Es geschieht nichts außerhalb von Josef K., und Josef K. ist das stumme Zentrum wie der Mann vom Lande, der nur Warten ist vor der Tür des Gesetzes, wie das bestrafte Kind nur Warten ist vor der Tür, hinter der es ausgepeitscht werden wird. Man läßt es lange dort warten, nachdem es viermal hintereinander geklopft hat, wie es von straffälligen Zöglingen verlangt wird, so hat es Zeit genug, sich alles auszumalen: seine Nacktheit, seine Qual, seine Schreie. In diesem Warten nur ist der Zögling er selbst, in jenem Davor, wo das, worauf er wartet, noch nicht erfüllt ist und es auch nie wieder sein wird: Von da an wird der Zögling so oder so immer dieser wartende Jugendliche sein. Es gibt kaum eine intensiver empfundene Situation als diese, in der das Sein gewissermaßen kristallisiert, jede Sekunde wie eine maßlose Zeit ist und der Körper sich im Warten auf die Entkleidung und den gellenden Schmerz auf dem Höhepunkt des Empfindens in seinem gesamten Umfang, seinem Fundament und seiner unbegreiflichen Verwirrung erlebt.

Das Zögern vor der Geburt. Gibt es eine Seelenwanderung, dann bin ich noch nicht auf der untersten Stufe. Mein Leben ist das Zögern vor der Geburt, schreibt Kafka am 24. Januar 1922 in sein Tagebuch. Dieses Zögern ist das Zeichen einer elementaren Freiheit vor der Erfüllung, es ist, als spürte der Mann vom Lande die gleiche *Seelenlähmung* wie der kleine Anton Reiser, als er wieder einmal für etwas verdächtigt wird, das er nicht getan hat, und nur um sich schlagen kann, weil er, in die Enge getrieben, unfähig ist zu reden und seine Unschuld zu beweisen. Kafka spricht von nichts anderem als von diesem stummen Punkt des Seins, um den sich die Sprache artikuliert, als wäre Sprache nur um zu sagen, was sie nicht.[24] Nur im Nochnicht ist Leben.

Michael Kohlhaas erhält seine Pferde frischgestriegelt, kräftig und prächtig zurück − in dem Moment, wo er vor den Richtblock tritt. In diesem Moment ist er der Auslöser und das Instrument seiner eigenen Freiheit.

Das Ziel wird erst in seiner Tilgung erreicht, einmal erreicht, ist es kein Ziel mehr, es existiert nur als noch nicht erreichtes, als Dazwischen im Zu-ihm-hin-Streben. Glücklicherweise gibt es eine fast voltairische Seite an Kafka, eine

Art zynisches Konstatieren, ein leises Lachen über eine solche Häufung von Mißgeschicken. »Sein« ist Im-Noch-nicht-Sein, im *Ausstand an Sein-Können*, wie es bei den Philosophen so heißt, in dem, was noch zu existieren bleibt. Ich *bin*, weil ich mit dem »Sein« noch nicht am Ende bin. In einem von Kafkas *Fragmenten* heißt es, *daß, zumindest unter den Lebenden, sich niemand seiner selbst entledigen kann.* Einmal in mich *geworfen*, bin ich gezwungen, mich bis zuletzt beizubehalten. Genau das erzählt die ›Verwandlung‹, der Wechsel von Art und Aussehen ändert nichts an der Kontinuität des leeren Innen, er verhärtet Samsa nur in seinem Er-selbst-Sein, indem er eine Implosion innerhalb einer Form hervorruft, die Form ist, weil sie nicht überschreitbar ist: Rand ist das, was nicht überschritten werden kann.

So ist es auch, wenn man über Kafka schreiben will: Sosehr man den nötigen Impetus spürt, so sehr man auch fühlt, was er sagt, nie wird der Ausdruck dieses Verstehens mit dem Text, dessen Wesen es eben ist, daß man ihn nicht einholen kann, koinzidieren – und aus diesem Grunde bleibt die Notwendigkeit des Darüber-Redens bestehen. Man wird zwangsweise weiterschreiben über das Werk Kafkas, weil es da ist, ewig unangetastet – außer es beginnt sich in sich zu verändern. Ist nicht die Sprache selbst stets im Rückstand zum Sprecher und immer auf Vorrat verfügbar? *Ich suche nur immerfort etwas Nicht-Mitteilbares mitzuteilen, etwas Unerklärbares zu erklären, von etwas zu erzählen, was ich in den Knochen habe und was nur in diesen Knochen erlebt werden kann,* schreibt Kafka in einem Brief an Milena.

Von Anfang an weiß der, der bei Kafka spricht, daß er unfähig ist, irgendetwas zu erreichen. Vor dem ersten Moment war alles gegeben und alles möglich, vom ersten Moment an ist alles zu spät – das sagt Kafka, wenn er sagt, sein Leben sei das Zögern vor der Geburt, aber es ist immer schon zu spät. Es ist, als wäre das Bewußtwerden von etwas das Initialereignis, das man erst wahrnimmt, wenn es stattgefunden hat.

Daß die Ordnung der Dinge durch Wissen nicht zu verändern ist, nennt Kafka Dummheit: Ich bin nur ein Ausrutscher auf meinem Weg, beschränkt auf die schlichte Feststellung meiner selbst. Das Besessensein von der Folter ist der letzte, vergebliche Versuch anzukommen, man will den Schrei des Gefolterten einfangen, sich so schreien hören, wie man nie gedacht hätte schreien zu können, und tut dabei so, als wüßte man nicht, daß ein solcher Versuch an sich schon zum Scheitern verdammt ist.

Im Schloß oder am Gericht ankommen zu wollen heißt schon, zu spät weggegangen zu sein. Weggehen ist Zu-spät-Kommen. Alles ist schon gesagt, wenn die Worte beginnen. Nicht finden ist schon die Herkunft des Suchens. Nach einer alten chassidischen Legende kennt das Kind das gesamte Universum, bevor es geboren wird, doch dann schlägt ihm ein Engel auf den Mund, und die Geburt ist nichts anderes, als alles vergessen zu haben. Es bleibt nur der Versuch, das Empfinden des Körpers von innen kennenzulernen, also dem Erleiden der Folter ausgeliefert zu sein. Der Mittelweg des Wissens durch die Vertrautheit mit dem Körper wurde von den Jesuiten mit ihrem klug gemäßigten und rege praktizierten Gebrauch der Rute in den Kollegien bestens verstanden. Viele Jugendliche verdanken ihnen die mit einer merkwürdigen Inbrunst einhergehende Bekanntschaft mit der brennenden, schamvollen Lust an der Nacktheit im Schmerz und der »Sammlung« ihres Selbst in der hinreißenden Gewißheit des Seins. So schließt der bestrafte Zögling, ohne es zu wissen, Bekanntschaft mit sich selbst: In seiner Nacktheit und als einer, der »sich nicht mehr gehört«, weil er nur in der Wahrheit seiner Schreie, seines Flehens und seines Weinens existiert. Ist das womöglich der Grund für die merkwürdige Präsenz der Peitsche in Kafkas Texten?

Strafe, und das ist ihre Daseinsberechtigung, wird immer von Scham begleitet, Scham trennt und isoliert und führt den, der sich schämt, auf die konstitutive Leere zurück, die er ist. *Es ist mir zu eng in allem, was ich bedeute, selbst die Ewigkeit, die ich bin, ist mir zu eng,* heißt es in Kafkas drittem Oktavheft. *La honte*[25] ist diese Einengung. Es ist die Scham des Verurteilten, der am Pranger steht, die des vor aller Augen bestraften Kindes, eine emblematisch hochgehaltene Scham. *La honte* spaltet den Körper mitten entzwei, so daß er sich bis zum Äußersten physisch erfaßt: *Die langen Schwarten von Rippenfleisch stoße ich ungebissen in den Mund und ziehe sie dann von hinten den Magen und die Därme durchreißend wieder heraus. Schmutzige Greißlerläden esse ich vollständig leer. Fülle mich mit Häringen, Gurken und allen schlechten alten scharfen Speisen an. Bonbons werden aus ihren Blechtöpfen wie Hagel in mich geschüttet,* notiert Kafka am 30. Oktober 1911 in sein Tagebuch. Der Körper ist seine Selbstverschlingung, so wie sich »Die Brücke« ins Leere stürzt, wie K. seine eigene Grablegung ist und Josef K. seine Hinrichtung. Am 3. April 1913 schreibt Kafka an Max Brod: *Vorstellungen wie z. B. die, daß ich ausgestreckt auf dem Boden liege, wie ein Braten zerschnitten bin und ein solches Fleischstück langsam mit der Hand einem Hund in die Ecke zuschiebe –, solche Vorstellungen sind die tägliche Nahrung meines Kopfes.*

Sehen und sich selbst feststellen heißt zu spät kommen, und nur der Körper, der bestrafte und den Blicken der anderen ausgesetzte Körper kann das beweisen. Diese groteske, skurrile körperliche Präsenz besteht ausschließlich darin, das Komische ihrer Konturen zu spüren. Ob der Körper verstümmelt, zerschnitten, mißhandelt oder geschlagen wird, er bleibt dennoch unveräußerlich dieser Körper, der sich als dieser Körper fühlt, der Einzige, der das ist. *Immerfort die Vorstellung eines breiten Selchermessers das eiligst und mit mechanischer Regelmäßigkeit von der Seite her in mich hineinfährt und ganz dünne Querschnitte losschneidet, die bei der schnellen Arbeit fast eingerollt davonfliegen, die bei der schnellen Arbeit fast eingerollt davonfliegen,* lautet eine Tagebucheintragung vom 4. Mai 1913. So außer sich, so zum Zerplatzen eingeschnürt, fühlt der Körper sich als Körper. Alles ist ihm recht, um das Empfinden aufzuspießen: als Zeppelin über die Dächer zu driften, zu einer riesigen Kaffeemühle zu werden, in Schwällen durch die Straßen zu strömen oder sich als Vorschlaghammer selbst bei den Handgriffen zu halten. Nicht mehr zu ertragen, daß man dieses Sich–als–sich–selbst–Fühlen nie wieder loswerden kann, das doch das Einzige ist, was man ist, den Wahnsinn des Körpers zu übersteigen, darauf zu reiten, mit dem Grotesken Schluß zu machen … das ist die Scham, die am Ende des *Processes* siegt: *Es war, als sollte die Scham ihn überleben.*

Als Josef K. das Zimmer des Malers Titorelli verlassen will, muß er über ein Bett vor einer Tür steigen, die zu den Gerichtskanzleien führt. Aber es ist nicht so sehr das Unerwartete, das ihn trifft, sondern daß er ständig dabei ertappt wird, nicht sein zu können, was er nicht ist: nicht angeklagt. *K. erschrak nicht so sehr darüber, daß er auch hier Gerichtskanzleien gefunden hatte, er erschrak hauptsächlich über sich, über seine Unwissenheit in Gerichtssachen. Als eine Grundregel für das Verhalten eines Angeklagten erschien es ihm, immer vorbereitet zu sein, sich niemals überraschen zu lassen, nicht ahnungslos nach rechts zu schauen, wenn links der Richter neben ihm stand – und gerade gegen diese Grundregel verstieß er immer wieder.* Josef K. sein heißt, in Nichtübereinstimmung mit dem Gericht zu sein. Die Anklage lautet auf Josef-K.-Sein: »*Man will die Verteidigung möglichst ausschalten, alles soll auf den Angeklagten selbst gestellt sein*«, erklärt der Maler Titorelli, der auch zum Gericht gehört, wie alles zum Gericht gehört. Der Maler wohnt in einer winzigen Kammer und wird ständig von kleinen Mädchen, die den Flur belagern, belästigt. Auch hier wird alles, was Josef K. vermutet, widerlegt, nichts schreibt sich in die Kontinuität seines Horizonts ein, alles ist enttäuschend, alles aberwitzig.

In diesem Atelier sind die Bilder unter dem Bett gestapelt, und das, welches gerade in Arbeit ist, wird von den Ärmeln eines Hemds verdeckt. Es stellt einen Richter auf einem Thron dar, doch gleich erfährt K., daß es sich um einen ganz untergeordneten Richter handelt. Der Thron wird überragt von einer Darstellung der Gerechtigkeit, *um die Figur der Gerechtigkeit aber blieb es bis auf eine unmerkliche Tönung hell, in dieser Helligkeit schien die Figur besonders vorzudringen, sie erinnerte kaum mehr an die Göttin der Gerechtigkeit, aber auch nicht an die des Sieges, sie sah jetzt vielmehr vollkommen wie die Göttin der Jagd aus.* Diese Figuren bilden ein Ganzes, da doch Josef K. sein eigener gejagter Jäger ist: Die Gerechtigkeit liegt darin, nicht die Schuld zu verfolgen, sondern den Schuldigen – für nichts.

Die Jagd geht durch mich und zerreißt mich. Oder aber ich kann – ich kann? – sei es auch nur zum winzigsten Teil mich aufrechterhalten, lasse mich also von der Jagd tragen. Wohin komme ich dann? »Jagd« *ist ja nur ein Bild, ich kann auch sagen* »Ansturm gegen die letzte irdische Grenze« *und zwar Ansturm von unten, von den Menschen her und kann, da auch dies nur ein Bild ist, es ersetzen durch das Bild des Ansturmes von oben, zu mir herab,* schreibt Kafka am 16. Januar 1922 in sein Tagebuch. Das ist die konstante stationäre Bewegung, von der alles Schreiben Kafkas ausgeht, dieses klang- und formlose Grundrauschen ohne Inhalt. Es steigt genau an dem Punkt der Übereinstimmung auf, wo es im Wort zutage tritt und verschwindet, man weiß also nichts von diesem Rauschen, das durch das Wissen um es annulliert wird, wobei dieses nur durch jenes existiert.

Die »Schuld« liegt in dem, was dazukommt, sie ist der Inhalt, die sich existierend wissende Existenz, und eben das ist die Existenz. *Verstehen ist fast das Gegenteil von Existieren,* schreibt Georges Poulet. Es gibt nichts zu begreifen, und das ist unbegreiflich.

Diese Reduktion reduziert immer weiter, ohne je in Reduziertes umzuschlagen. Keine vollzogene Handlung wird durch einen Grund bewirkt, und nie wird Auferlegen Erleiden sein. Es ist das unmögliche Kippen aus dem, was man ist, in das, was man nicht ist, weshalb der Jäger in einer

Geschichte aus dem achten Oktavheft seiner Beute an die Waden faßt: *Vor einer Mauer lag ich am Boden, wand mich vor Schmerz, wollte mich einwühlen in die feuchte Erde. Der Jäger stand neben mir und drückte mir einen Fuß leicht ins Kreuz. »Ein kapitales Stück«, sagte er zum Treiber, der mir den Kragen und Rock durchschnitt um mich zu befühlen. Meiner schon müde und nach neuen Taten begierig rannten die Hunde sinnlos gegen die Mauer an. Der Kutschwagen kam, an Händen und Beinen gefesselt wurde ich neben den Herrn über den Rücksitz geworfen sodaß ich mit Kopf und Armen außerhalb des Wagens niederhing. Die Fahrt gieng flott, verdurstend mit offenem Mund sog ich den hochgewirbelten Staub in mich, hie und da spürte ich den freudigen Griff des Herrn an meinen Waden.* Als Objekt eines anderen bin ich auf dem Höhepunkt der Leugnung, mein Leid verneint euch. Ich bin eine Herausforderung. Da ist weder Material noch Objekt noch Inhalt. Da ist nur noch schlichte Spur, Zeichen.

Am 3. August 1917 notiert Kafka in sein Tagebuch: *Noch einmal schrie ich aus voller Brust in die Welt hinaus. Dann stieß man mir den Knebel ein fesselte Hände und Füße und band mir ein Tuch vor die Augen. Ich wurde mehrmals hin und her gewälzt, ich wurde aufrecht gesetzt und wieder hingelegt auch dies mehrmals, man zog ruckweise an meinen Beinen daß ich mich vor Schmerz bäumte, man ließ mich ein Weilchen ruhig liegen, dann aber stach man mich tief mit irgendetwas Spitzem, überraschend hier und dort, wo es die Laune eingab.*

Je mehr der Zustand der Unterwerfung bekräftigt wird, desto mehr eilt der Unterworfene seiner Knechtschaft voraus, desto mehr bedroht er die Ordnung. Wenn ich meine Knechtschaft hervorhebe und mich erniedrige, reduziere ich den, dem ich diene, und mache ihn durch meine übertriebene Unterwerfung lächerlich. *Der Masochist ist ein Revolutionär in der Selbstaufgabe. (...) Die Nachgiebigkeit schließt den Trotz ein, die Gefügigkeit die Widerborstigkeit. Unter der Sanftmut ist Härte, unter der Unterwürfigkeit Aufruhr verborgen,* schreibt Theodor Reik in seinem Buch über den Masochismus[26]. Äußerste Erniedrigung ist der Gipfel der Frechheit, deshalb schickt das Gericht zwei Vollstrecker, die mit Josef K. Schluß machen sollen. Er hört nicht auf, Fragen zu stellen, die Begegnung mit dem Gericht zu suchen, er zeigt mehr seine Existenz, als daß er lebt. Er ist es, der sogar noch das Tempo beschleunigt, als die beiden Henker ihn zum Ort der Hinrichtung führen, ganz wie der Jugendliche, den die Peitsche erwartet, in einer Art erotischem Taumel seiner Bestrafung entgegeneilt. Es geht darum, sich ständig zu überholen, ohne das Selbst, das sich immer voraus ist, auch nur einholen zu können.

Nicht umsonst wurden die Unglücklichen, die der Folter unterworfen werden sollten, unter dem Ancien régime kahlgeschoren. Der Körper muß exponiert sein, wie man im fünften Kapitel des *Processes* gesehen hat, der Körper des Hungerkünstlers wird im Käfig präsentiert, der Körper Gregor Samsas wird als Ungeziefer ausgestellt, der Körper des Verurteilten ›In der Strafkolonie‹ wird nackt den Blicken des Publikums ausgesetzt. Körper heißt Exponiertsein, und vor Gericht werden die Körper so vorgeführt, daß der Kaufmann Block, wie Leni, wie der Onkel, wie die kleinen Mädchen Titorellis und alle anderen, in K. auf Anhieb den Angeklagten erkennen, an seiner Nacktheit, an seinem Ausgesetztsein. Aber sie erkennen gleichzeitig seine außerordentliche Kraft, seine Beharrlichkeit, die ständige Herausforderung: So schnell werdet ihr nicht fertig mit mir.

VII

Verweis und Verstoß

Kafkas Figuren oder vielmehr dieses »Selbst« in seinen verschiedenen Manifestationen sind in einem unentwirrbaren Netz gefangen, das nur für dieses Selbst unentwirrbar ist. Nie kann es aus diesem Kreis seiner selbst heraus, der ihm immer voraus ist. Ständig trifft es überall auf sich selbst. Alle wissen von Anfang an Bescheid über den Prozeß, die Bankangestellten sind dabei, das alte Paar von gegenüber auch; K. wundert sich darüber, als wäre es verwunderlich, daß man ihn erkennt, wo er doch sein Prozeß ist. Alle sind Zeugen seines Prozesses, weil jeder ihn sieht, also jeder ihn erkennt.

Der Onkel kommt, als er von dem Prozeß erfährt, in die Stadt und sagt zu Josef K., der sich sorglos gibt (dem Anschein nach läßt man ihm alle Freiheiten, alles geschieht ihm gemäß): »*Du bist verwandelt, Du hattest doch immer ein so richtiges Auffassungsvermögen und gerade jetzt verläßt es Dich? Willst Du denn den Proceß verlieren? Weißt Du was das bedeutet? Das bedeutet, daß Du einfach gestrichen wirst. […]Wenn man Dich ansieht möchte man fast dem Sprichwort glauben: ›Einen solchen Proceß haben, heißt ihn schon verloren haben‹.*«

119

Der Onkel schleppt K. zu Advokat Huld, wo sich im Dunkeln, fast unsichtbar, der Kanzleidirektor jenes Gerichts aufhält, bei dem K.s Prozeß anhängig ist, doch K. verpaßt die Gelegenheit, weil er Leni, dem Stubenmädchen, in die Küche nachsteigt. Gelegenheit heißt, daß sie verpaßt wird. Auch im *Schloß* verpaßt K. Bürgel, den Beamten, der seine Angelegenheit klären könnte.

Bevor Leni mit K. schläft, offenbart sie ihm den Kern seines Prozesses, doch er kann gar nicht hören, was sie sagt, denn das Begehren ist immer unmittelbar und ohne Umschweife. Die physische Lust – um nichts anderes geht es – ist die Wahrheit des Leibes, die einzige Wahrheit, die wahrnehmbar sein und mit sich selbst zusammenfallen kann: *»Sie sind zu unnachgiebig«, sagt Leni, »so habe ich es gehört.« »Wer hat das gesagt?« fragte K., er fühlte ihren Körper an seiner Brust und sah auf ihr reiches dunkles fest gedrehtes Haar hinab. […] »Fragen Sie bitte nicht nach Namen, stellen Sie aber Ihren Fehler ab, seien Sie nicht mehr so unnachgiebig, gegen dieses Gericht kann man sich ja nicht wehren, man muß das Geständnis machen. Machen Sie doch bei nächster Gelegenheit das Geständnis. Erst dann ist die Möglichkeit zu entschlüpfen gegeben, erst dann.«*

Das ist sein Fehler: Er soll gestehen, das heißt, er soll aufhören, als Angeklagter zu existieren. Doch Josef K. hat nichts zu gestehen, und eben dieses Nichtwissens ist er schuldig. Die Existenz ist ja gerade das Nichtwissen darum. Josef K. ist schuldig, sein eigener Zeitgenosse zu sein, der sich nicht auf der Straße vorbeigehen sehen kann. Nicht mehr angeklagt zu sein heißt verschwinden, und so verschwindet K. auch am Ende des *Processes*. K. ist nichts anderes als seine Verurteilung. Der Prozeß betrifft ihn allein, und er ist der Einzige, der nicht ermessen kann, was auf dem Spiel steht, gerade weil es sein Prozeß ist, sieht er ihn nicht als das, was er ist, und das ist seine Schuld. Er ist in sich selbst und kann den Prozeß nicht so sehen wie einer, der nicht angeklagt, sondern bloß Zuschauer ist. Deshalb erkennt er im Kaufmann Block, der nur noch Warten und passives Gehorchen ist, auch nicht das künftige Stadium seines eigenen Prozesses.

Was K. auch tut, es trifft immer daneben. Einerseits, sagt ihm Leni, kommt man ohne Hilfe nicht aus, andererseits bleibt jede Hilfe wirkungslos, man kann nichts alleine machen noch mit anderen zusammen: *»Wenn manchmal in einer Gruppe der Glaube an ein gemeinsames Interesse auftaucht, so erweist er sich bald als ein Irrtum«*, erklärt Block. *»Gemeinsam läßt sich gegen das Gericht nichts durchsetzen. Jeder Fall wird für sich untersucht.«*

Jeder Angeklagte, und Block liefert dafür das beste Beispiel, ist und erscheint sich selbst nur im Warten, es gibt weder Fortschritt noch Lösung, es gibt weder nichts noch etwas; nichts existiert als der Verlauf des Wartens. Der ganze Kafka baut auf dem Warten auf, auf dem Warten, das der Wartende ist.

Wie der Maler Titorelli zeigt, gibt es keinen Ausweg, kein Ende, nur das Warten, was der Angeklagte auch unternimmt, all seine Schritte verhindern das Urteil, *sie verhindern aber auch die wirkliche Freisprechung*, wie K. genau hört. Block, der auch von K. mit Herablassung behandelt wird, ist das personifizierte Warten. Ein wenig wie ein Hund darf er bei Advokat Huld, der übrigens auch zum Gericht gehört, in einer Ecke hausen.

Das ganze Buch hindurch verstrickt sich K. in endlose Diskussionen und Debatten, die sich ausschließlich um das Thema drehen, dessen Objekt er ist, aber die Anhaltspunkte lösen sich auf, was K. in Verzweiflung stürzt, in die Nacktheit des Subjekts.[27] Das ist auch der Sinn der ständigen Präsenz des Körpers bei Kafka, des durchbohrten, gepackten, ergriffenen, eingeschlossenen, ausgezogenen Körpers als Reduktion auf die radikalste Bloßstellung. *Wer hat dir's gesagt, daß du nackt bist?* heißt es in der *Genesis*. Das Anfangsereignis, also der Prozeß, ist der Einfall eines immer schon gewußten Nichtwissens.

Ist mit der Nacktheit das Bewußtsein aufgetaucht als ein Blick, der nicht zu sehen aufhört? Ist die Scham, die K. folgt, das Zentrum der Sprache? *Es war, als sollte die Scham ihn überleben* − damit endet ja *Der Proceß*. Ist nicht jeder, vertikal auf sich errichtet, grotesk dahingepflanzt? Während es oben schwatzt, wartet darunter der ganze Rest: Arme, Schultern, Bauch, bis zu dem unbeschreiblichen *Gehängsel*, wie es das stets realistische Deutsche nennt. Oben Reden, unten Warten. Soviel Fleisch für so wenig − der völlig Nackte, der Ausersehene, der Verurteilte in der ›Strafkolonie‹.

Das Burleske, Komische ist bei Kafka stets gegenwärtig: Da wird einer auf Anhieb zum Ungeziefer, ein anderer wird von Ping-Pong-Bällen verfolgt, einem Dritten gefällt es zu verhungern, einer gibt sich als Brücke aus und bricht unter der geringsten Belastung zusammen, ein Fünfter reitet auf einem Kohlenkübel, ein Arzt wird zu einem Kranken ins Bett gesteckt, ja, es gibt sogar Schakale mit alten Scheren und sprechende Zwirnsterne.

Vielleicht ist das der Fehler, das Groteske, das, was über-

steht, wenn man nichts sehen soll außer einem einzigen
Kopf, der Punkt der unlösbaren Verhärtung, der sich jeder
Erklärung, jedem Befehl widersetzt und wie ein Stehauf-
männchen – ein eminent kafkaesker Gegenstand – immer
wieder seine alte Haltung einnimmt. Kafkas Kreaturen lernen nichts, behalten nichts, sie sind komische Käuze – ausziehen, aber dalli! Spricht man denn nicht deshalb, weil
man weiß, daß man nackt ist, als Entschuldigung (*Nackedeis*
wurden nach 1968 die Umweltschützer genannt, die nackt
über die Bundesstraßen trotteten, um die umweltverschmut-
zenden Lastwagen aufzuhalten)?

»Sieh Willem«, sagt der Wächter Franz, *»er gibt zu, er kenne
das Gesetz nicht und behauptet gleichzeitig schuldlos zu sein.«*

Ich kann mich nicht auf der Straße vorbeigehen sehen,
das ist mein Fehler. Genau das sagt auch die kurze Erzählung ›Eine Kreuzung‹. Es geht um ein kleines Tier, das halb
Kätzchen ist und halb Lamm: *Im Sonnenschein auf dem Fen-
sterbrett macht es sich rund und schnurrt, auf der Wiese läuft es wie
toll und ist kaum einzufangen.* Es trägt die Unruhe der Katze
und die des Lamms in sich. Nur das Fleischermesser oder
der Tod könnte es von sich selbst befreien. Es ist unbenenn-
bar, unübertragbar, selbstverständlich und ohne Funktion,
es ist das, was nicht zu ihm paßt, es existiert nur getrennt in
seiner unauflöslichen Einheit: ich, die Lamm-Katze, entwi-
sche jeder möglichen Definition in mir selbst, in dieser
Koregentschaft, genauso wie ich, Gregor-Samsa-der-Käfer.

Im *Proceß* wirkt Leni fasziniert vom Körper Josef K.s und
tut scheinbar alles, um ihn für sich zu gewinnen, doch auch
da täuscht sich K.: Er gefällt ihr nicht mehr als irgendein

x-beliebiger Angeklagter. Der Advokat, der vom Onkel für K. engagiert wird und zugleich eine Art Richter ist, erklärt ihm, daß nicht die Anklage die Angeklagten verwandle, sondern daß sie ihnen von Anfang an anzusehen sei: »*Meine Antwort wird Sie nicht befriedigen. Die Angeklagten sind eben die Schönsten.*« Und fügt, wodurch er K. gewissermaßen entlarvt, hinzu: »*Es ist eine Sonderbarkeit Lenis, die ich ihr übrigens längst verziehen habe [...] Diese Sonderbarkeit [...] besteht darin, daß Leni die meisten Angeklagten schön findet. Sie hängt sich an alle, liebt alle, scheint allerdings auch von allen geliebt zu werden [...] Wenn man den richtigen Blick dafür hat, findet man die Angeklagten wirklich oft schön. Das allerdings ist eine merkwürdige gewissermaßen naturwissenschaftliche Erscheinung [...] die meisten bleiben in ihrer gewöhnlichen Lebensweise [...] Trotzdem sind diejenigen, welche darin Erfahrung haben, imstande aus der größten Menge die Angeklagten Mann für Mann zu erkennen.*«

Die Anklage gräbt sich nicht ins Gesicht ein, sie verändert den Blick, die Präsenz der Anklage lagert im Körper und intensiviert das Empfinden, das dieser von sich selber hat, dazu kommen das Wissen um die allgemeine Mißbilligung und der Verlust der Normalität, die die Anklage mit sich bringt. Der Angeklagte ist nicht der Fehler, er kann nur um sich schlagen, die Sprache hat sich in ihm umgestülpt, sie ist zu einer Angeklagtensprache geworden.

So erging es früher den Waisen und Internatszöglingen. Wenn die Insassen verschiedener Anstalten einander auf Spaziergängen begegneten, konnte jedes Kind in der anderen Gruppe auf Anhieb jene ausmachen, die bestraft worden waren, und jene, die es werden würden, besonders jene, denen die Rute bevorstand, denn sie waren durch ihre Haltung und ihren Blick für jeden, der einmal »den Duft der Rute« geatmet hatte, sofort erkennbar.

Der Angeklagte trägt die Anklage in sich, er ist die Anklage, sogar seine Lippen sind davon gezeichnet. Von Kaufmann Block erfährt K., »*daß viele aus dem Gesicht des Angeklagten, insbesondere aus der Zeichnung der Lippen den Ausgang des Processes erkennen wollen. Diese Leute also haben behauptet, Sie würden nach Ihren Lippen zu schließen, gewiß und bald verurteilt werden.*« Damit ergeht es dem Angeklagten wie dem Kind, das nicht für ein Vergehen verurteilt wird, das es gar nicht begangen hat, sondern für die Schuld, die es ist. In den Internaten von früher gab es immer Auserwählte, die zum Strafen da waren. »Für die Peitsche geboren«, hieß das üblicherweise.

Man weiß, daß die Strafe nie das Vergehen trifft, sondern ausschließlich den Körper dessen, der verdächtigt wird, es begangen zu haben. Das eine hat mit dem anderen nichts gemein. Das Vergehen strahlt auf den Körper des Angeklagten aus, der durch den auferlegten Schmerz geheiligt wird. Die Nacktheit wird durch das Wissen um die Schande glorreich – die Scham ist der äußerste Gipfel des »Existenzgefühls«.

Die *Scham*, schreibt Kafka (das individuelle Gefühl, nicht die mit dem Verstoß verknüpfte *Schande*), die nackte Scham wird Josef K. überleben, diese Scham, die lange vor Kafka Karl Philip Moritz beschrieb, als er von dem kleinen Anton Reiser sprach: »*Es war ihm denn eine Art von Wonne, selbst in das Hohngelächter mit einzustimmen, das er seiner schwarzen Phantasie nach über sich erschallen hörte – in einer dieser fürchter-*

lichen Stunden, wo er über sich selbst in ein verzweiflungsvolles Hohngelächter ausbrach, war der Lebensüberdruß bei ihm zu mächtig, er fing auf dem schwachen Brette, worauf er stand, an zu zittern und zu wanken.«

Er existiert in einer »Wahrheit«, die nur ihm selbst zugänglich ist, deren verwirrende Zeichen nur für denjenigen Zeichen sind, der sie sieht. Deshalb stellt der Philosoph Jean-Luc Nancy in *Ego sum* Descartes in seiner leiblichen Wahrheit dar, in der Erektion, wenn er schreibt: *Das Gesetz der cartesianischen Wahrheit ist das Gesetz der subjektiven Sicht, das Gesetz der Evidenz (des »natürlichen Lichts«), das die Gewißheit, die Perspektive bestimmt. Die Methode erstreckt ihre Gültigkeit auf Fälle, auf die sie nicht anwendbar ist: die Sicht des Subjekts auf sich selbst, die Sicht der Sicht.* Wegen dieser Evidenz, dieser Sicht des Subjekts auf sich selbst, wenn es den Blick auf sich niedersenkt, und durch dieses Gesetz ist der Jude als solcher verdammt, geächtet, bestenfalls mit Galgenfrist, denn Kafka spricht vom Leben des Juden und damit vom Leben des Menschen – und von nichts anderem. Im dritten Oktavheft schreibt er, wie bereits zitiert: *Der Selbstmörder ist der Gefangene welcher im Gefängnishof einen Galgen aufrichten sieht, irrtümlich glaubt, es sei der für ihn bestimmte, in der Nacht aus seiner Zelle ausbricht, hinuntergeht und sich selbst aufhängt.*

Deshalb muß das Gesetz auch in die Haut graviert werden. Ich trage diese Inschrift, die sichtbar macht, ohne mich sichtbar zu machen, auf meiner Haut, im Innersten: Ich fühle, und die anderen sehen. Mein Empfinden beweist und prägt mich wie das Ich, das ich bin: *Am ganzen Körper werde ich mir Wunden schneiden*, sagt Rimbaud in den »Delirien«[28]. Der Jugendliche, der den grandiosen Gebrauch des eigenen Körpers, das augenfällige Wunder entdeckt hat, wird dafür ausgepeitscht. Das ist der Sündenfall: Ich bin schuldig, meinen Körper zu kennen. Der Fehler Josef K.s ist Josef K. selbst.

Das Gericht ist unfehlbar und nimmt keine Anklage zurück. Auf K.s Bemerkung, es stimmten ja alle überein, *»daß leichtsinnige Anklagen nicht erhoben werden«*, erwidert der Maler Tintoretto: *»Niemals ist das Gericht davon abzubringen. Wenn ich hier alle Richter neben einander auf eine Leinwand male und Sie werden sich vor dieser Leinwand verteidigen, so werden Sie mehr Erfolg haben als vor dem wirklichen Gericht.«*

Die Existenz des Josef K. ist so unverrückbar wie das Gericht unerschütterlich. Das eine ist das andere. Das Urteil ist die Dauer des Prozesses, er endet, womit er begonnen hat.

Es gibt nichts Allgemeineres, nichts Vertrauteres als Kafka, nichts, was nicht auch schon von anderen gesagt oder gar geschrieben wurde – nur anders. Kafkas Genie besteht darin, daß er dieses Selbe bei anderen sichtbar macht, bei denen man es nicht unbedingt sieht und die es vielleicht selbst nicht so sehen. Der kleine Anton Reiser ist in dieser Hinsicht K. ähnlich: *Die wahre Existenz schien ihm nur auf das eigentliche Individuum begrenzt zu sein – und außer einem ewig unveränderlichen, alles mit einem Blick umfassenden Wesen konnte er sich kein wahres Individuum denken.*

Gregor Samsa, Josef K., die Sängerin Josefine, Blumfeld, Block und die anderen und jeder mit ihnen sind aus derselben Gewißheit, und keiner kann dieses »Ich bin wie du«, das ihn ausmacht, beweisen. Dem ganzen Kafkaschen Unternehmen liegt als Ausgangspunkt die Faszination durch die Unbeweisbarkeit der Evidenz zugrunde. Sein Abenteuer ist das aller Menschen – und ist sogar der Ursprung des Schreibens: Nie wird irgendjemand sein Er-selbst-Sein sichtbar oder spürbar machen können – daher die Präsenz der Nacktheit in Kafkas Werk. Ich sehe den anderen da, vor mir, aufrecht, ganz nackt, und ich weiß nichts von ihm; selbst wenn unsere Körper sich aneinanderschmiegen, wird er so weit weg von mir sein wie der fernste Stern – in der vollkommenen Undurchdringlichkeit seines Der-Andere-Seins.

Karl Philipp Moritz, immer noch im wunderbaren *Anton Reiser*, schreibt: *Sich in das ganze Sein und Wesen eines andern hineindenken zu können, war oft sein Wunsch – wenn er so auf der Straße zuweilen dicht neben einem ganz fremden Menschen herging – so wurde ihm der Gedanke der Fremdheit dieses Menschen, der gänzlichen Unbewußtheit des einen von dem Namen und Schicksalen des andern so lebhaft, daß er sich, so dicht es der Wohlstand erlaubte, an einen solchen Menschen andrängte, um auf einen Augenblick in seine Atmosphäre zu kommen und zu versuchen, ob er die Scheidewand nicht durchdringen könnte, welche die Erinnerungen und Gedanken dieses fremden Menschen von den seinigen trennte.*

Auf die andere Seite der Sprache zu gelangen, sich im Spiegel zu betrachten, ohne sich gegenüberzustehen, die Grenzen des Selbst zu überschreiten, das ist es, was die Literatur vergeblich versucht. Eine doppelte Unmöglichkeit – ein Begriff, der auf einen anderen verweist – begründet das Sprechen, ich kann mich nicht auf der Straße vorbeigehen sehen, und dennoch bin ich es, der da vorbeigeht. Der Weg ist ausweglos, deshalb beschreitet ihn Kafka. Der Angeklagte kann in keinem Fall seine Unschuld beweisen – dafür ist er da. Könnte er seine Unschuld beweisen, gäbe es die Justiz nicht als Institution. Weil Josef K. seine Unschuld nicht beweisen kann, gibt es das Gericht, daher rührt seine Schuld: Ich bin schuldig, meine »Unschuld« nicht beweisen zu können. Das Gericht geht der Unschuld voran. Es gibt keine ursprüngliche Unschuld, und wenn es sie gäbe, wäre sie von Anfang an durch die Sprache aufgehoben. Gericht und Sprache machen gemeinsame Sache: Ich habe nur die Sprache, um meine Unschuld zu behaupten, bin aber ihrer schuldig, und sie hindert mich zu sagen, daß ich unschuldig bin, als wäre genau das ihr Wesen. Die Sprache prangert an, sagt aber nicht, was. Die Sprache nennt den Schuldigen, doch die Unschuld ist sprachlos. Man weiß nicht, ob die Unschuld unschuldig ist. Die Sprache zeigt, was sie nicht sagen kann, und Kafkas Erzählungen bestehen aus Zeichen.

Der Jude braucht die Sprache, und die Sprache braucht den Juden, weil sie einander nie entschulden. Man könnte sagen, sie ist für ihn gemacht oder vielmehr für die, die ihn seiner Existenz anklagen, denn Sprache ist so, daß er ihr seine Unschuld nicht beweisen kann. Wenn er spricht, dann weil er schuldig ist, schuldig, Jude zu sein. Durch die Sprache wird er angeklagt und kann sich doch durch die Sprache nicht rechtfertigen. Die Sprache ist für den Juden gemacht, weil es ihr Wesen als Sprache ist, sich ihm zu entziehen. Darin verkörpert er das Menschsein, und was Kafka schreibt, ist der Kern des Menschseins. Josef K. wird am Ende des *Processes* dafür hingerichtet. In einem Fragment kommt Kafka zu einer Art Resümee: *Es ist nicht so, daß Du im Bergwerk verschüttet bist und die Massen des Gesteins Dich schwachen Ein-*

zelnen von der Welt und ihrem Licht trennen, sondern Du bist draußen und willst zu dem Verschütteten dringen und bist ohnmächtig gegenüber den Steinen und die Welt und ihr Licht macht Dich noch ohnmächtiger. Und jeden Augenblick erstickt der, den Du retten willst, so daß Du wie ein Toller arbeiten mußt und niemals wird er ersticken, so daß Du niemals mit der Arbeit wirst aufhören dürfen. Kafka ist die Beharrlichkeit im Nicht-enden-Wollenden.

Wie Peter Handke anläßlich der Verleihung des Franz-Kafka-Preises schrieb: *Sein anonymer Umriß [wird] immer wieder lebendig, als Zimmermaler, der nebenan die Wände streicht, als Kranführer in einer gelben Kabine, als am Wegrand sitzender Schüler. Ja, Kafka hat mit Hilfe seiner liebevollen Sprache diese Namenlosen wahrnehmbar gemacht und bewegt sich nun wie für die Zukunft aufmerksamkeitsfördernd mit ihnen mit.*[29] Kafka – ein Mensch.

VIII

Ein deutsches Nachwort vom Verfasser,
der gerne wieder von vorne anfangen möchte

Warum Kafka?
Weil kein Weil auf keine Frage antwortet

Ein Sturz. Jeder Anfang einer Erzählung Kafkas ist wie ein
Sturz aus einer Zeit heraus, die es nicht gegeben hat und die
mit diesem Anfang, der sie beendet, ins Nichts abstürzt.
Unwiderruflich wird etwas unterbrochen, das es nicht ge-
ben wird. Was geschieht, macht alles andere ungeschehen.
Aber kaum einen Augenblick davor ist alles noch offen,
Milliarden von Möglichkeiten sind jeden Augenblick mög-
lich, aber ist Mozart erst einmal gekommen, ist das »Vor-
Mozart« als zukünftige Möglichkeit aufgehoben. Vom Da-
vor kennt man nur den Moment seines Aufhebens.
  Beim Lesen Kafkas empfindet man, fast auf unheimliche
Weise, die Gegenwart des Abwesenden: Er erweckt ständig
den Eindruck, es hätte genausogut auch alles anders sein
können, winzige Begebenheiten werden erzählt, die schwer
wiegen durch alles, was sie nicht erzählen. Das Gewicht des
Ungesagten, das es nicht gibt, lastet auf allen Erzählungen
Kafkas: Was alles hätte erzählt werden können, bildet den

stummen Hintergrund des Erzählten. Mit dem Anfang der Erzählungen verschwindet etwas, das es nicht gegeben hat.

Kafka erklärt nichts, er zeigt. Er setzt genau da ein, wo die Sprache aufhört zu deuten, wo nichts anderes gesagt wird als das, was gesagt wird. Im dritten Oktavheft (24. November 1917) schreibt Kafka: *Durch die Tür rechts dringen die Mitmenschen in ein Zimmer, in dem Familienrat gehalten wird, hören das letzte Wort des letzten Redners, nehmen es, strömen mit ihm durch die Tür links in die Welt und rufen ihr Urteil aus. Wahr ist das Urteil über das Wort, nichtig das Urteil an sich. Hätten sie endgültig wahr urteilen wollen, hätten sie für immer im Zimmer bleiben müssen, wären ein Teil des Familienrates geworden und dadurch allerdings wieder unfähig geworden zu urteilen.*

Vielleicht anders gesagt, kein Kommentar kann zu dem werden, das er kommentiert, so fein und ausgeklügelt er auch sei, es bleibt, so schmal sie auch sei, eine unüberschreitbare Spanne, die wiederum zur Sache selbst wird. Der ganze Sinn der Literatur steckt in jener winzigen Spanne: die Trennlinie zwischen Text und Kommentar, wo weder das eine noch das andere ist. Die Unmöglichkeit des Kommentars, zum Text zu werden, ist der Inhalt des kommentierten Textes.

Das Lesen ist auch der Versuch, das Lesen zu kristallisieren, es zu »fassen«, wie der Philosoph den Kreisel fassen möchte. Was man liest, ist, wie sich das Lesen in einem selbst abspielt. Bei Kafka empfindet man eine Bestimmtheit des Lesens, man fühlt es in sich, es gestaltet sich bis zu einem Grad, wo das Verstehen sich nicht mehr vom Verstandenen unterscheidet, wo das Empfundene sich nicht vom Empfinden trennt, wo man nur noch baff vor sich selber stehen kann, wie ein Fisch außerhalb des Wassers. Der Text Kafkas ist wie ein ganzer Satz Ohrfeigen auf einmal, piff, paff, oder wie in der Kindheit, als man sich die Landschaft, verkehrt herum, zwischen den Beinen anschaute. Nichts bleibt mehr zu sagen, das Wort verschluckt sich selbst wie der dahinhopsende Preßlufthammer, der sich selbst an den Griffen festhält. Daher auch die unheimliche Komik der Texte Kafkas, die jedem Kommentar den Wind aus den Segeln nehmen. Das Gewaltige der Erzählungen Kafkas ist, daß nichts mehr zu sagen bleibt, gerade da, wo vor lauter Fülle das Sagen versagt. Es ist eine dunkle Materie, die jegliche Form von Sprache verschlingt, daher auch die mächtige wortlose Ausstrahlung des Endes der Erzählungen, zum Beispiel in der ›Prüfung‹, wo ein Diener, der manchmal den Wunsch hat, zu Dienst gerufen zu werden, es nicht wird, während andere, die den Wunsch nicht einmal haben, gerufen werden. Er sitzt im Gasthaus und wird von einem Gast eingeladen, der auf seinem Beobachtungsplatz am Fenster sitzt. Der Gast, er ist auch ein Diener, ruft ihn zu sich und sagt: »*Warum willst du fortlaufen? Setz dich her und trink! Ich zahl's*« *So setzte ich mich also. Er fragte mich einiges, aber ich konnte es nicht beantworten, ja ich verstand nicht einmal die Fragen. Ich sagte deshalb: »Vielleicht reut es dich jetzt, daß du mich eingeladen hast, dann gehe ich«, und ich wollte aufstehn. Aber er langte mit seiner Hand über den Tisch herüber und drückte mich nieder: »Bleib«, sagte er, »das war ja nur eine Prüfung. Wer die Fragen nicht beantwortet, hat die Prüfung bestanden.*«

Fragen und Antworten sind unvereinbar und stehen sich genauso gegenüber wie eine Person und ihr Spiegelbild;

gerade das ist das Besondere und doch so Einfache bei Kafka: Er zeigt, und dabei wollte er es vielleicht nicht einmal, daß es nicht geht, daß es nicht klappt, daß das, was man von der Sprache erwartet, nie kommt, daher die Sprache – eine so banale und evidente Feststellung, daß man sie einfach nicht wahrhaben will. Vielleicht tut Kafka nichts anderes, als den Finger auf diesen Punkt zu legen und sich amüsiert zu kugeln. Was sich an seinem Beispiel zeigt, ist das Groteske der Philosophie als solche, nicht daß sie an sich grotesk sei, sondern nur, wie sie es anstellt, um zu sein, was sie ist: Philosophie. Sobald sie sich als solche ausdrückt, offenbart sie sich als solche und scheitert daran. Nicht von ungefähr hat sich Kafka in der berühmten Erzählung ›Der Kreisel‹ mit einem Philosophen abgegeben: Er *trieb sich immer dort herum, wo Kinder spielten* – denn tatsächlich sprechen die Philosophen über das, womit die Kinder spielen – und versuchte durch die *Erkenntnis eines sich drehenden Kreisels*, zur *Erkenntnis des Allgemeinen* zu kommen, nur daß er jedes Mal nichts anderes zu fassen bekam als ein *dummes Holzstück*. Hier wird nichts interpretiert, sondern nur beschrieben, wie die Sprache nicht mitkommt, oder besser gesagt, wie sie an der Deutung scheitert, wie sie nicht fassen kann, was man aber doch von ihr erwartet, als wolle man aus der Sprache machen, was sie nicht unbedingt ist: ein Instrument zum Weltgebrauch.

Sprachen habe ich im Laufe der Jahrhunderte genug gelernt und könnte Dolmetscher sein zwischen den Vorfahren und den Heutigen. Aber den Gedankengang der Patrone verstehe ich nicht. Vielleicht kannst du es mir erklären, schreibt Kafka im Fragment zum *Jäger Gracchus*. Jede Erzählung ist auf ein Ende hin erzählt, auf das, was man im Französischen »une chute« nennt, einen Sturz, in den der Schwung des Erzählens aufgesaugt wird, und gerade wenn es zu Ende ist, fängt es – stumm – von vorne an. *Stummheit gehört zu den Attributen der Vollkommenheit*, lautet der letzte Satz von Schopenhauers *Paralipomena*. Es ist, als ob sich die Sprache immer nur um ihre Stummheit drehe, die sie nicht sagen kann, was sie aber als Sprache ja gerade zeigt.

Worum es geht, zeigen die beiden immer wieder zitierten Aphorismen aus der Reihe *Er: Er hat das Gefühl, daß er sich dadurch, daß er lebt, den Weg verstellt. Aus dieser Behinderung nimmt er dann wieder den Beweis, daß er lebt.* Und: *Sein eigener Stirnknochen verlegt ihm den Weg, an seiner eigenen Stirn schlägt er sich die Stirn blutig.*

Die sich offenbarende Unmöglichkeit ist genau der Punkt, an dem die Sprache aufhört, scheitert und *erst* ansetzt, als sei nichts geschehen, als sei nichts gesagt worden. Daß sie unmöglich ist, führt sie ja gerade zum Weiterreden, daß es vergeblich ist, erfährt sie erst nachher.

Der entscheidende Augenblick der menschlichen Entwicklung ist immerwährend. Darum sind die revolutionären geistigen Bewegungen, welche alles Frühere für nichtig erklären, im Recht, denn es ist noch nichts geschehen, schreibt Kafka in den *Betrachtungen über Sünde, Leid, Hoffnung und den wahren Weg*.

Die Sätze und Worte der Sprache zeigen nur, was an ihnen vorbeizieht: *Die Zuschauer erstarren, wenn der Zug vorbeifährt*, lautet der erste Satz der *Tagebücher*. Ich bleibe hinter meinen Worten zurück, die nichts mit dem vorbeifahrenden Zug zu tun haben und auch nicht mit mir, der da stehen bleibt. Das Sagen geht nicht im Gesagten auf, der

Mensch, der sagt, muß immer wieder von vorne anfangen, er bleibt stecken im Davor des Sprechens.

Die Fragen sind umgekehrte Antworten, richtige Fragen erkennt man nicht. Antworten sind Schatten, eine Art Phantombilder. Was gesagt werden soll, bleibt immer im Sollen, und was gesagt wird, entspricht jenem Sollen nicht. Das weiß jeder, das ist nichts Neues, und doch muß es stets wiederholt werden, da die Stellung des Sagenden immer dieselbe ist und man daran Sprache erkennt. Sie alleine zeigt, daß sie unentwegt neu *ansetzen* muß: *Niemals ziehst du das Wasser aus der Tiefe dieses Brunnens*, lautet ein Fragment aus den *Hochzeitsvorbereitungen auf dem Lande*.

Was gesagt oder geschrieben wird, versperrt den Zugang zum Sagen und zum Schreiben, d. h. das, wovon etwas kommt, ist schon durch das »Kommen« unerreichbar geworden. Was ich sagen will, steht bereits hinter mir, mein »Wollen« ist schon ein Zuspätkommen: *Weg von hier, das ist mein Ziel*, schreibt er auch irgendwo. Es geht nicht so sehr um die Verzweiflung als um den Verzweifelten, der mitverzweifelt und von dem die Worte eben nichts sagen. Kafka notiert 1911 in sein Tagebuch: *Die richtige Verzweiflung hat ihr Ziel gleich und immer überholt.* So ist es auch beim Witz, nicht die Elemente des Witzes, sein Wortmaterial, sind wichtig, sondern nur daß sie dementiert werden.

Das Leben ist eine fortwährende Ablenkung, die nicht einmal zur Besinnung kommen läßt, wovon sie ablenkt, schreibt er in den Fragmenten. Einzig die Wahrheit ist wahr, aber außer ihr ist nichts wahr. Alles, was ist, verdeckt alles, was hätte sein können, aber es gibt nur, was es gibt. Es wird verdeckt, aber gerade die Verdeckung hebt ja das Verdeckte auf.

136

Lichtenberg soll vom Messer ohne Klinge und Griff gesprochen haben. Dasselbe gilt auch für Kafka; Kafka ist der Film, der Kafka überdeckt und aus dem er besteht. Kafka läßt sich nicht anders sagen als Kafka es sagt. Man weiß von Kafka nur, wie er es erzählt, nicht aber, was er erzählt, das bleibt dem Erzähler wie auch dem Leser unerreichbar, denn es existiert nur in der Form, in der es erzählt wird, und zwar als Erzählung.

Anmerkungen

1 Franz Kafka, Das dritte Oktavheft, in *Schriften, Tagebücher, Briefe.*
   Kritische Ausgabe, herausgegeben von Jürgen Born, Gerhard
   Neumann, Malcolm Pasley, Jost Schillemeit und Gerhard Kurz,
   Frankfurt am Main, S. Fischer 1982 ff.

2 Franz Kafka, *Der Proceß,* ebd.; gilt für alle folgenden Zitate in diesem
   Kapitel, sofern nicht anders gekennzeichnet.

3 Das ist auch der Titel einer Farbzeichnung Pierre Klossowskis von
   verräterischer Komposition (sie stellt einen Knaben dar, der sitzend
   von einer Art Priester sodomisiert wird): *Le petit rose,* 1975.

4 Das französische *prise de corps, plongée de corps* (das die Verbindung
   zwischen dem *Proceß* und dem ›Landarzt‹ darstellt), blieb unüber-
   setzt; prise de corps, wörtlich übersetzt »Ergreifen des Körpers«, ist
   im Deutschen die Festnahme oder Verhaftung; plongée de corps,
   eine analoge Erfindung des Autors, heißt wörtlich übersetzt etwa
   »Eintauchen des Körpers« (A. d. Ü.).

5 In *Beschreibung eines Kampfes*

6 Interessant ist, daß Kafka zwar von »Hungern«, aber an keiner Stelle
   von »Fasten« spricht.

7 Es fällt auf, daß es keine Bezeichnung für den Zustand des Nicht-
   leidens gibt, da dieser der natürliche ist, so als überdeckte die
   Sprache tatsächlich vor allem Lücken und Mängel.

8 Die Gegenwart der körperlichen Züchtigung ist ein zentrales
   Element in Kafkas Werk; vgl. Georges-Arthur Goldschmidt, *Die
   Faust im Mund,* aus dem Französischen von Brigitte Große, Zürich
   2008. Zur Zeit Freuds bildete die Rute die Grundlage der

Erziehung, und die erotische Phantasie (s. Jean-Jacques Rousseaus *Bekenntnisse*), besonders in den deutschsprachigen Ländern, war davon zutiefst geprägt.

9 Das ist dasselbe Problem, das Kant in anderen Worten zum ersten Mal in der Geschichte der Philosophie formulierte: die Unmöglichkeit der Kenntnis des Dings an sich. Im ersten Teil der *Kritik der reinen Vernunft*, Kapitel 118, Paragraph 23 heißt es: *Raum und Zeit gelten, als Bedingungen der Möglichkeit, wie uns Gegenstände gegeben werden können, nicht weiter, als für Gegenstände der Sinne, mithin nur der Erfahrung. Über diese Grenzen hinaus stellen sie gar nichts vor, denn sie sind nur in den Sinnen und haben außer ihnen keine Wirklichkeit.* Es gibt nichts Erkennbares außerhalb dieser Bedingungen, und alles Unbekannte gehört dazu, sonst würde es nicht einmal zur Ordnung des Unerkennbaren gehören, das nur durch das Erkennbare existiert.

10 Dieser Text, der für den *Proceß* bestimmt war – von dem es bekanntlich unvollendete Kapitel und Fragmente gibt –, wurde zuerst in dem Band *Ein Landarzt* veröffentlicht.

11 Vladimir Jankélévitch – l'Ironie (1936)

12 Die Erzählung wurde von Kafka 1915 in der jüdischen Wochenzeitschrift ›Selbstwehr‹, 1919 im Sammelband *Der Landarzt* veröffentlicht.

13 Emmanuel Lévinas, ›Le Dit et le Dire‹, in: *Le Nouveau Commerce*, Heft 18/19, Frühjahr 1971.

14 Sieben Achtel einer Geschichte, meinte Hemingway, seien das Maximum, das ein Schriftsteller von seiner Geschichte aufschreiben dürfe, der Rest entstehe ganz selbstverständlich im Geist des Lesers. Bei Kafka bleibt nichts ungesagt, zumindest nicht gewollt, höchstens ein unvermeidlicher Rest, über den er genauso wenig weiß wie der Leser.

15 Marcel Aymé, *Der Mann, der durch die Wand gehen konnte*

16 Georges Poulet (1902 – 1991), ein wichtiger Literaturkritiker belgischer Herkunft

17 Sébastien-Roch Nicolas Chamfort (1740 – 1794), franz. Moralist, Verfasser der *Réflections et maximes*, davon eine deutsche Auswahl in: *Gedanken und Maximen*, München / Wien / Zürich 1919

18 In *Le tempo de la pensée*, Paris 1993.

19 In Gustav Janouchs *Gesprächen mit Kafka* (die, obwohl sie einen

Beiklang von Wahrheit haben, doch mit einer gewissen Vorsicht zu genießen sind) sagt Kafka über den prädadaistischen Dichter Christian Morgenstern, er sei *ein schrecklich ernster Dichter. Seine Gedichte sind so ernst, daß er sich vor seinem eigenen unmenschlichen Ernst in die Galgenlieder retten muß.*

20 Beispiele für diesen Schluß, wenn einmal der »Sinn« gegeben ist, in: Georges-Arthur Goldschmidt, *Freud wartet auf das Wort*, Zürich 2006.

21 Brochs *Tod des Vergil* ist wie die Umkehrung zu Kafkas Bemühen. Dieses Hauptwerk des letzten Jahrhunderts erhellt Kafka »substantiell«: *Reglos die Reise der Erinnerung, reglos die Reise des unaufhörlichen Beginns.*

22 Patrice Loraux: ›Genre: philosophique‹ in: Revue de métaphysique et de morale, Oktober 1972.

23 Es ist Primo Levi, der berichtet, daß ein SS-Mann in Auschwitz zu ihm sagte: *»Hier gibt es kein Warum.«*

24 In *Molière ou la liberté mise à nue* (*Molière oder die bare Freiheit*) habe ich versucht zu zeigen, wie nahe das Theater Molières Kafka war, denn alle Figuren Molières sind auf ihre Unfähigkeit, sich durch Reden zu begründen und zu rechtfertigen, zurückgeworfen.

25 Die französischen Wörter *la honte* (im Deutschen Scham und Schande) und *la pudeur* werden (soweit *honte* Scham bedeutet) im Deutschen zu Scham und Schamhaftigkeit.

26 Theodor Reik, Aus Leiden Freuden, Masochismus und Gesellschaft, Hoffmann & Campe 1977.

27 Das Original spielt hier mit dem Gegensatzpaar sujet / objet, was so im Deutschen nicht wiederzugeben ist, da sujet nicht nur Subjekt, sondern auch Thema, Anlaß, Grund, Ursache, unterworfen, aber auch Gegenstand wie Objekt bedeutet (A. d. Ü.).

28 In: Arthur Rimbaud, Eine Zeit in der Hölle, übersetzt und herausgegeben von Werner Dürrson, Stuttgart 1970.

29 Peter Handke, Das Ende des Flanierens, Frankfurt / Main 1980.

Inhalt